LES AMOURS

D'UN JÉSUITE,

OU

MÉMOIRES HISTORIQUES

SUR L'ABBÉ

JAL MARCET DE LA ROCHE-ARNAUD

DE LA COMPAGNIE DE JÉSUS ;

SUIVIS

De ses Lettres érotiques à Julie;

PAR Mme ANNA-MARIA YUNG.

PARIS.

CHEZ LES MARCHANDS DE NOUVEAUTÉS.

1828.

LES AMOURS

D'UN JÉSUITE.

LES AMOURS
D'UN JÉSUITE,

OU

MÉMOIRES HISTORIQUES

SUR L'ABBÉ

MARTIAL MARCET DE LA ROCHE-ARNAUD,

DE LA COMPAGNIE DE JÉSUS ;

SUIVIS

de ses Lettres érotiques à Julie ;

PAR MME ANNA-MARIA YUNG.

PARIS.

CHEZ LES MARCHANDS DE NOUVEAUTÉS.

1828.

SOMMAIRE.

L'Éditeur au coin de son feu.

La Visite. — Le Manuscrit.

Martial Marcet à 15 ans se fait Jésuite.

Il est Poète, et ami des Nobles.

Il se fait Noble.

Les Sœurs de la Charité.

Il obéit à la voix du Ciel, et quitte les Jésuites.

Il se fait Sulpicien.— Il est chassé du Séminaire.

La Vie de Château. — Le Jardinier dupé.

Il fait un Livre. — Les Estaminets. — Les Billards.

La Jeune Espagnole. — Chénier. — Saint Robert d'Arbrissel.

Lettre à la Comtesse de ***.

Il écrit aux Jésuites d'Aix.—Réponse des bons Pères.

La Rencontre au Panthéon.

Il est reçu chez Madame Yung.

Portrait de Julie.

Henriette. — Les Lilas.

Il aime Julie.

La Demande en mariage.
Le Pensionnat de l'allée des Veuves.
Dieu. — Jean-Jacques.
La Confidence rue de Rivoli.
Il veut enlever Julie. — La Mère Godet.
Julie reprend ses Lettres et ses cheveux.
Scène sanglante de nuit.
Le Guet-à-pens.
Le Cartel.
Le Chevalier de Montlaur.
Un Mot à propos d'un Galérien.
Le Marguiller de Saint-Nicolas-du-Chardonnet.
Le Cours La Reine. — L'habit pistache.
L'Abbé Fronchet à Saint-Lazare.
L'Abbé Fronchet à la potence.
Martial éconduit.
Lettres érotiques. — Romances.
Conclusion.

LES AMOURS
D'UN JÉSUITE.

L'Éditeur.

Mes deux mains étaient jetées nonchalamment sur mes jambes étendues; elles soutenaient à peine un livre, sur lequel j'attachais mes regards, et, comme Yorick devant la cage du sansonnet, je laissais errer ma folle imagination sur la couverture de ce livre, qui avait pour titre : *les Jésuites modernes*, par l'abbé Martial-Marcet de la Roche-Arnaud. — Quoi! m'écriai-je, en comprimant fortement les feuillets fermés du livre, quoi! jeune homme courageux, c'est *aux dépens de ton honneur, de ta liberté, de ta fortune et de ta vie*, que tu dénonces à l'opinion ces Jésuites, qu'un bossu (1) bien inspiré fit chasser. *La haine ne t'anime pas... Tu as toujours aimé ceux qui t'ont fait du mal!* Victime infortunée de la fureur mystique de ces hommes absolus, c'est peut-être le corps meurtri des fers dont ils t'ont chargé, pour vaincre ta résistance à leur culte idolâtre, que tu tiens ces paroles de paix et de justice... — Et con-

---

(1) M. de Chauvelin (1762).

tinuant sur le ton d'Yorick : — Ah ! viens sous mon toit, viens dans l'asile protecteur que t'offre ma modeste indépendance, je saurai te soustraire aux poignards des assassins........

L'attendrissement me gagnait, mon sang se retirait vers mon cœur, mes yeux se mouillaient : je voulus retenir une larme que je sentais rouler sur ma prunelle; il était trop tard, et mes mains, que j'avais déplacées, laissèrent tomber mon livre dans le feu, qui en noircit les pages.

On sonna, ma gouvernante annonça madame Yung.

—Vous êtes éditeur, Monsieur?

—Depuis quinze ans, Madame.

—Si l'on vous proposait, en publiant un livre, de servir les vengeances d'une mère outragée ?

—Il serait douteux que je voulusse y consentir, si, comme vous le dites, Madame, cette publication n'était destinée qu'à satisfaire une vengeance particulière.

—Il faudra donc que, comme Jean-Jacques, j'aille exposer mon manuscrit sur le maître-autel de quelque église ?

— Ce moyen me paraît chanceux : les sacristains sont peu lettrés, les curés n'aiment pas le scandale.

— C'est cependant d'un abbé qu'il s'agit dans mon manuscrit.

—D'un abbé, Madame !

—Qui fut Jésuite, et dit ne plus l'être ; qui a bu de leur vin, mangé de leur pain; qui a vécu des bienfaits de leur hospitalité, et les déchire aujourd'hui.

— Eh, bon dieu! Madame, le feu vient de m'endommager un livre qui offrirait quelque ressemblance.... Mais non, la Roche-Arnaud *ne veut que la vertu!*

— La Roche-Arnaud! c'est de lui dont je vous parlais, Monsieur.

— De l'auteur des *Jésuites modernes?*

— De lui-même.

Ici, je reculai mon fauteuil, et j'examinai la dame étrangère avec une attention mêlée de surprise. Cette dame soutint cet examen, et l'expression désobligeante qui l'accompagnait, de telle manière, que je devins tout rouge; et rapprochant mon siége, je lui dis avec bonté :

— On n'aime pas, Madame, à perdre subitement ses illusions. L'abbé Martial-Marcet de la Roche-Arnaud, il y a un quart-d'heure encore, était l'objet de ma sollicitude : j'applaudissais à son courage, je l'appelais sous mon toit... et voilà que vous me le désignez comme méritant votre vengeance... les vengeances d'une mère outragée!

— Voulez-vous, Monsieur, me prêter une oreille attentive?

— Je vous écoute, Madame.

— Un homme expirant de misère a été recueilli dans ma maison, logé et nourri sur la simple caution d'un de ses anciens camarades de collége, qui se trouvait être mon locataire. Cet homme, ranimé par mes soins, devient amoureux de Julie, l'aînée de mes filles, lui écrit, infecte ses lettres du fiel de la perversité, de la corruption et de la débauche. En même temps qu'il emploie toutes les ruses pour la détacher de son honneur, il recourt à tous les mensonges pour l'arracher à sa mère ; il projette un enlèvement... Ma fille est encore dans mes bras... Cet homme n'est plus dans ma maison ; mais son ingratitude, qui y laisse une dette d'honneur, y souffle la calomnie. Je veux, bravant les inconvéniens de la publicité, me placer, ainsi que ma fille, sous la garde de l'opinion publique, et démasquer un traître... C'est pour cela, Monsieur, que je vous ai parlé de l'abbé Martial de la Roche-Arnaud.

La franchise, la fermeté de ce discours attirèrent ma confiance : toutefois, voulant, par une dernière objection, préparer au moins une excuse à ce penchant qui m'avait entraîné vers l'auteur de l'ouvrage contre les Jésuites : — Mais, Madame, vous n'ignorez pas qu'une sorte de renommée s'attache au nom que vous voulez proscrire; que la Roche-Arnaud fût-il coupable envers vous, et je n'en puis douter après vous avoir entendue, trouvera encore, pour sa défense, l'autorité que peut lui donner le sentiment d'une belle action, d'un grand sacrifice, et d'un talent prêt à se produire.

— Rien de tout cela, Monsieur, me répondit madame Yung, avec une confiance vraiment désespérante pour mon protégé. Martial-Marcet, qui ne s'appelle pas de la Roche-Arnaud, qui n'est pas abbé, n'a fait ni un grand sacrifice, ni une belle action ; et quant à son talent, vous en jugerez par sa correspondance, qui lui appartient plus que son ouvrage.

— Cette correspondance, Madame, est autographe ?

— Voici les signatures.

— On peut ajouter foi à ces notes qui la précèdent ?

— Elles sont de ma main. Le jeune

homme, qui a été au collége avec Martial-Marcet, et qui l'a recueilli dans ma maison, a ajouté à ces notes quelques renseignemens authentiques; car ils sont fournis par les souvenirs d'un honnête homme.

— Voulez-vous, Madame, me confier le tout, m'accorder trois jours pour la réflexion, et venir, après ce temps, recevoir ma réponse ?

— Volontiers, Monsieur.

— Dans trois jours donc, Madame.

Je restai seul.

Mon esprit se trouvait dans une grande perplexité. Ne servir que la haine d'une femme, attacher une haute importance à l'égarement du cœur d'un jeune homme, et, sur une déclaration d'amour, dresser un acte d'accusation, ce serait, pensai-je, faire un ridicule emploi de la publicité. Mais établir la preuve qu'une imagination inquiète et malheureuse a conçu l'espoir de faire tourner au profit de son ambition l'ingratitude, la haine et la perfidie; mais arracher le masque à un hypocrite qui, après avoir renié les Jésuites, porterait dans tous les actes de sa vie l'esprit de la secte dont il aurait été l'affilié; replonger dans le néant de sa condition un vaniteux sans talent et sans morale, qui, après avoir épuisé ce que son cerveau contient de haine contre ses premiers bienfaiteurs, ne trouverait plus dans la médiocrité de son esprit d'alimens pour sa célébrité menteuse, voilà ce qui doit satisfaire à la justice de l'opinion publique, voilà ce que la presse peut et doit entreprendre.

Il faut garantir les hommes de ces engouemens irréfléchis qui leur font adopter comme des instrumens de partis, des esprits déhontés, ardens à faire leurs preuves dans l'un où l'autre camp, mais qui, traîtres à la première occasion, ne servent, par l'aspect du stigmate visible de leur apostasie, qu'à déconsidérer les rangs qui les ont reçus.

Grâce au ciel, la cause constitutionnelle compte assez de défenseurs et d'amis, purs de toute trahison, pour n'avoir pas besoin de recrues douteuses ou déshonorées !

Sans doute le repentir est permis; sans doute une jeune imagination peut avoir erré dans ses calculs et dans ses raisonnemens, et s'être revêtue de principes que plus tard l'expérience et la raison lui font rejeter comme un vêtement disgracieux et incommode : mais alors subissez l'investigation de la morale, montrez votre existence; pour justifier de vos bonnes intentions, montrez des actes de droiture. Il vous fallut un temps d'épreuve pour paraître digne d'habiter avec des méchans et de penser comme eux : faites aussi votre temps d'épreuve chez les honnêtes gens..... nous verrons bien après.

Telles furent les graves réflexions dans lesquelles je me plongeai pour assurer ma conscience contre mes premières préventions en faveur de Martial-Marcet, que je savais déjà ne plus être *de la Roche-Arnaud.*

« Imbécille ! m'écriai-je tout à coup,
» comme indigné contre moi-même,
» donner comme un enfant dans la
» bonne foi d'une préface ! moi, éditeur
» de plus de trente ouvrages, m'attendrir sur des vertus consignées dans
» une introduction ! Je méritais ce désappointement ; et pour compléter
» mon châtiment, lisons ce manuscrit :
» s'il porte l'empreinte de la vérité, je
» le publie.

Le Manuscrit.

Martial-Marcet est orphelin ; fils d'un ancien receveur mort dans un état voisin de la misère, il avait annoncé dès sa première jeunesse des passions qui précipitent ordinairement, ou dans les habitudes mystiques du cloître, ou dans les honteux débordemens du vice, mais jamais ne conduisent dans les voies simples et droites de la vertu. Il commença par subir le premier de ces penchans. A quinze ans son père et sa mère n'étant point encore morts, il manifesta formellement l'intention d'être Jésuite. Ce projet épouvanta sa famille, qui voulut s'y opposer : il s'enfuit du toit paternel, et, sous les seuls auspices du vagabondage, gagna Marseille.

L'idée de l'expatriation lui vint. Mauvais fils, il devait être mauvais citoyen, et préférer la vie aventureuse de l'expatrié aux travaux utiles que récompense la patrie.

Mais l'attente de Martial-Marcet fut trompée : sa jeunesse et son indigence ne purent lui procurer un patron, il revint près de son père. Bientôt l'irrésistible vocation troubla de nouveau son cerveau, il recommença ses obsessions. C'est en rendant le dernier soupir que ses parens lui permirent d'aller, au gré de ses vœux, mendier de la pitié des Jésuites du pain, un asile et leurs infâmes préceptes alimens de toute âme ingrate et haineuse.

Un moraliste voulant tracer le portrait d'un homme, aime à le saisir dès l'âge de l'adolescence, à cet instant voisin de la puberté. Il y a dans les premières sensations, dans le développement des premières passions une énergie qui imprime aussitôt des traits décidés sur la physionomie. Par la suite, ces traits s'augmentent ou se modifient; mais jamais l'usage, l'éducation, le temps qui peuvent les altérer, ne parviennent à détruire le cachet de leur caractère primitif.

Si Martial-Marcet pouvait valoir la peine que sa personne fût l'objet d'une investigation sérieuse et approfondie, la physionomie qu'il prit en entrant chez les Jésuites, à un âge où il devait être encore permis de croire à l'innocence de son cœur, fournirait à l'observateur une indication positive.

En vain Martial-Marcet a prétendu, plus tard, qu'il n'était entré chez les Jésuites que pour les observer et les connaître. La jeunesse est curieuse, sans doute; mais cette faiblesse ne va pas alors jusqu'à la préméditation du crime; et il y aurait eu crime de la part de Marcet à se dire froidement : « Mes
» bons parens sont dans l'indigence;
» ils aiment mieux me voir la partager
» avec la volonté de l'adoucir un jour
» par un honorable travail, que de me
» voir souiller mon âme dans la hon-

» teuse corporation des Jésuites.—
» Mais moi, je veux les voir, ces Jé-
» suites, les connaître, les observer,
» et, pour mieux trahir leurs secrets,
» leur appartenir.—Je suis pauvre, je
» ne puis m'introduire librement au
» milieu d'eux, comme leur pension-
» naire. — Mais j'irai frapper à leur
» porte, je leur tendrai mes mains sup-
» pliantes, je leur parlerai de ma voca-
» tion..... Ils m'accueilleront, couvri-
» ront ma nudité, apaiseront ma faim,
» nourriront mon esprit.....Dix ans de
» ma vie je vivrai de leurs bienfaits;
» puis je m'enfuirai loin d'eux..... et je
» publierai ce que j'aurai vu. »

Non, un pareil raisonnement n'appartient pas à la jeunesse. Malgré Mar-

tial-Marcet lui-même, nous ne voulons pas qu'il fût, à quinze ans, un scélerat consommé.—Il manquait de jugement, et prit pour une vocation religieuse la vague inquiétude d'un cerveau déréglé.

Admis chez les Jésuites, le jeune néophyte reçut avec une ardeur toute mystique l'instruction de l'Ordre. Il a prétendu avoir acquis parmi les Pères une célébrité précoce qui se serait étendue de la Provence à Montrouge, et de Montrouge à Rome. Cette prétention vaniteuse n'est justifiée par rien. Martial-Marcet avait une instruction médiocre et une intelligence commune; mais son isolement continuel de ses camarades, l'hypocrisie profonde qui se manifestait dans son regard et son maintien, son air, ou inspiré, ou méditatif, l'avaient fait en effet remarquer des Pères, qui, voyant en lui l'œuvre de leur création, un être voué par sa misère à l'adoration perpétuelle de leur culte idolâtre et de leurs funestes doctrines, pensèrent, trop promptement peut-être, à en faire un instrument actif et dévoué.

Aussi le vit-on tout à coup revêtu de la robe de l'Ordre, exercer les fonctions de surveillant des élèves, et, bien jeune encore, afficher avec audace sa sainte initiation.

Si, comme il a osé s'en glorifier, Martial-Marcet n'est entré chez les Jésuites que pour les observer et les trahir, ce dut être une grande joie pour lui ; il dut s'élever dans son cœur de grandes fumées d'orgueil, lorsqu'il se vit revêtir par eux de la soutane, lorsque sa souplesse et sa ruse lui eurent assuré l'honneur d'être leur affilié !

Mais, en véritable observateur, il devait desirer de voir les tableaux changer sous ses yeux. Ses vœux furent exaucés : il vint à Montrouge, le quitta pour Forcalquier, alla à Bordeaux, à Sainte-Anne, à Aix, à Saint-Acheul, à Montmorillon, et revint à Montrouge.

Le temps de ces voyages remplit plusieurs années, pendant lesquelles se développa et s'établit le caractère de Martial-Marcet. Je ne parlerai pas de ses mœurs. Le corps tourmenté par une grande force de tempérament, l'imagination flétrie par les habitudes solitaires de la vie monacale, ce jeune homme paya son tribut aux vices de son état, et, dans l'impureté de quelques liaisons de collége, crut trouver le but et l'aliment de ses vagues et impurs desirs. La vue d'une femme pouvait dissiper ces grossières illusions, épurer l'imagination de Marcet, et l'attacher à de plus doux objets : le mal n'était donc pas sans remède. Mais d'autres penchans accusaient des vues plus pernicieuses et plus durables. On le voyait rechercher avec un soigneux empressement les jeunes gens dont les familles nobles et opulentes pouvaient lui promettre une heureuse spéculation de son amitié avec leurs enfans. Chargé de surveiller, il jouait toujours le rôle de protecteur; son adroite condescendance s'appliquait à trouver des excuses au mal qui se passait sous ses yeux; le blâme reçu, dont il cherchait toujours à consoler, il osait même souvent le déclarer injuste; car la tendresse des Pères pour leur Séide futur tolérait en lui un caractère d'opposition qui le rendait l'idole et l'oracle de quelques élèves. Des vers pires que médiocres s'échappaient fréquemment de son cerveau exalté: c'étaient des satires contre les plus mal vus d'entre les Pères, des odes, des épîtres langoureuses et tendres adressées à l'élève Henri du C***; le tout était recueilli, répandu, prôné avec soin par les disciples; et, à la faveur de ces misères, il établissait dans leur esprit et dans leur cœur un crédit sur lequel il fondait la prospérité de son avenir.

Ces jeunes gens étaient nobles; une vanité ridicule lui inspira l'idée de se rapprocher d'eux par le rang, et d'affecter à leurs yeux des richesses parcheminières que sa famille ne s'était jamais connues, et qui se trouvaient alors être bien incompatibles avec la vertu modeste de ses sœurs. Les pieuses filles, dans l'hospice du Puy, lieu de leur naissance et de celle de Marcet, exerçaient les touchantes fonctions de Sœurs de la Charité. Aujourd'hui encore, sous la bure qui les couvre, elles sont l'exemple de leur communauté et la consolation des malheureux dont elles soulagent les souffrances. Peut-être savaient-elles, aussi bien que leur frère, qu'il existait auprès de leur ville une roche noire et aride surnommée la Roche-Arnaud. Hélas! elles ne songèrent jamais à se l'approprier pour l'ériger en fief, et bâtir, en idée, sur ses flancs démantelés, le manoir féodal qui dût ennoblir leur famille honnête et roturière!

Martial-Marcet, voulant faire croire que, sous son humble soutane, battait un cœur de noble, ajouta donc à son nom celui de *la Roche-Arnaud.* Les pamphlets qu'il appelle ses ouvrages établissent la preuve de cette possession usurpée.

Cependant, égaré dans ses propres projets parce qu'il lui manquait, pour les suivre avec art, ce jugement sain qui lie ensemble les actions et les intentions, il inspira bientôt des inquiétudes aux Pères Jésuites de Montrouge, par l'abus qu'il fit de la liberté que lui accordait leur sollicitude. La violence de son tempérament réagit sur ses idées : il voulait à tout prix un aliment à la fièvre qui le dévorait. Ses voyages à Paris étaient très-fréquens; ils lui facilitaient des lectures peu en harmonie avec la discipline de son Ordre. La *Nouvelle Héloïse* enflammait tous ses sens : il revenait sous les rigueurs de la règle, souffrant et malheureux de la gêne qu'elle lui imposait. *Emile*, la *Profes-*

sion de foi du Vicaire savoyard, et des brochures politiques, achevaient de troubler sa raison, qui, mal organisée pour recevoir à la fois et sans danger des impressions si fortes et si différentes, rêva, dans le vague et l'exaltation de son ignorance, l'amour des femmes, la liberté des peuples, les plaisirs de la vie mondaine et les charmes de l'indépendance.

Dès-lors, la soutane lui devint un honteux fardeau, le scapulaire ne fut plus qu'un joujou ridicule; ses vœux lui semblèrent déshonorans, puisqu'ils imposaient des lois d'esclavage à sa pensée; il méprisa les Pères qui n'accordaient à son ambition que la promesse d'une obscure domination; il maudit les lieux dont l'enceinte mesurait et limitait ses pas, et, pour accomplir enfin par une jonglerie absurde l'œuvre de sa déraison, il écrivit au général des Jésuites : « *Qu'il voulait* » *obéir à la voix du Ciel qui lui par-* » *lait et lui commandait de quitter* » *un Ordre où son salut était en* » *péril.* »

Ses liens sont rompus ; il part.

Alors, sans doute, dut lui venir la pensée d'écrire ce qu'il avait vu, et de stigmatiser les hommes qu'il avait connus. La publicité donnée à ses observations pouvait l'arracher à sa misérable obscurité, lui procurer le pain qui lui manquait; et, par le nom d'abbé qu'il prenait sans l'avoir acquis, donnant un attrait plus piquant à son écrit, il devenait l'enfant adoptif du parti généreux qui recueille indistinctement les victimes échappées du cloître ou des prisons ministérielles.

Le calcul n'était pas maladroit : l'inconduite de Martial-Marcet en empêcha les résultats.

Comme il n'avait pierre où reposer sa tête, il lui fallut encore mendier un abri dans la cellule et une place au réfectoire ecclésiastique. Il frappa à la porte des Sulpiciens; ils la lui ouvrirent; et leur hospitalité leur prépara des titres à la haine du malheureux Marcet. Tourmenté par ses projets de publicité et l'esprit de discorde qu'ils lui soufflaient à chaque instant; contraint de renfermer en lui-même les colères impuissantes qui faisaient bouillonner son sang, mais offrant, malgré lui, sur ses traits comprimés, la trace des passions funestes dont il était la proie, le nouveau Sulpicien jeta l'alarme au milieu de ses frères, qui, reconnaissant en lui le caractère du Jésuite, le chassèrent.

Ici commence la vie mondaine de Martial-Marcet. De quelle main va-t-il implorer le secours? L'exaltation de son esprit et le sentiment de sa vertu, au degré où il publie qu'il l'éprouve, vont lui inspirer quelque ressource honorable et décisive!.. Il se jette dans un misérable hôtel garni... écrit et publie l'ouvrage intitulé : *les Jésuites modernes*. Le produit de la vente de ce manuscrit, acheté par le libraire Dupont, lui permet de jouir enfin des charmes de cette indépendance qui avait tant flatté son cœur; il se hâte d'aller habiter dans un quartier brillant de la capitale, chez un ami qui a quelque fortune. Il brûlait de connaître le monde, de vivre au milieu de sa pompe et de ses plaisirs.... Il va, dans l'air infect des estaminets, nourrir ses idées voluptueuses; c'est à jouer au billard qu'il consume ses journées; c'est dans les cafés, les *mauvais lieux* qu'il étudie le monde. Et toutefois, en racontant plus tard le détail de ses grossiers plaisirs, il songe encore à les couvrir du voile de son hypocrisie.

« J'ai passé des nuits, dit-il, dans des
» maisons prostituées, mais jamais je
» n'ai succombé : une jeune Espagnole,
» qui m'a reçu dans ses bras, me laisse
» ce souvenir de ma vertu. »

Le saint homme! il doit avoir pour patron ce saint *Robert-d'Arbrissel* dont parle Chénier dans un dialogue célèbre :

Saint-Robert d'Arbrissel, plein d'un zèle héroïque,
Pour voir et pour braver le démon de plus près,
La nuit, de deux nonains caresse les attraits.

Au milieu des ébats de sa vie mondaine, il écrivit la lettre suivante, qui n'a pas besoin de commentaires.

« Madame,

» Malgré toutes vos belles promesses
» et vos aimables invitations, j'ai ré-
» solu de n'aller nulle part qu'au P***,

» et d'y aller comme un vrai loup-garou.
» Je n'irai ni chez les bons amis, ni
» chez les bonnes amies, ni même chez
» mes sœurs. Mon logement est tout pré-
» paré, c'est au Palais-Royal (1) que j'irai
» philosopher, précisément vis-à-vis *la*
» *Roche-Arnaud*, vis-à-vis ce pays
» charmant où j'ai sucé le lait. J'ai fait
» mon plan de retraite : adieu le monde,
» les plaisirs; adieu les amis, les gens
» d'esprit, les seigneurs (2), les cœurs
» charmans, les femmes même. J'en
» veux à votre sexe, Madame. Vous

---

(1) Il existe au Puy un hôtel qui porte l'enseigne du Palais-Royal.

(2) On remarquera la prétention orgueilleuse de ces mots : *gens d'esprit, seigneurs* et *cœurs charmans*; la vie de Martial n'avait rien de commun avec les personnages qu'ils désignent.

Note de l'auteur.

» avez beau être aimable, bonne, ado-
» rable, jolie, belle, divine, incompa-
» rable, tout cela ne m'empêchera pas
» de me déchaîner contre ce sexe sé-
» duisant et bien digne pourtant de
» faire notre bonheur, s'il le voulait.

C'est Vénus tout entière à sa proie attachée !

» Vous comprenez. Ah ! mauvaise,
» riez... Moi, je ne ris pas, je ne fais
» que pleurer :

D'un amour qui s'étaint c'est le dernier éclat.

» O Racine, mon bon ami Racine !
» quand je le lus pour la première fois,
» je me disais que j'étais bien heureux
» de n'être pas si amoureux que la
» première fois (1). Ne disons jamais :

---

(1) Le lecteur remarquera l'élégance du style de Martial.

» Fontaine, je ne boirai pas de ton eau.
» — En fait d'amour, n'assurons rien
» surtout. Tout ce que je peux vous
» promettre, c'est de faire une partie à
» cheval jusqu'au lac du Bouchet, d'al-
» ler jusqu'au château de Chavagnac,
» de là jusqu'au bord de l'Allier, où je
» vous embrasserai de tout mon cœur.
» Si *madame la comtesse* se trouve
» dans le vieux fort de ses aïeux, nous
» pourrons aller lui faire quelques com-
» plimens.

» Mais je vous déclare que je ne sais
» pas m'abaisser devant les grandes
» dames, pas plus que devant les petites
» filles de Paris. — On dit que madame
» de Macheco est là haut.... là haut....

» Je serai assez curieux de connaître
» cette comtesse; elle sera peut-être
» bien aise de me voir. M. P*** croit
» que j'irai beaucoup m'humilier; il se
» trompe, personne ne sait moins s'hu-
» milier que moi. Je ne verrai que le
» franc et loyal S***, qui n'a pas de pré-
» jugés. Si le baron de V*** est tolé-
» rant, je le verrai, parce que je l'aime,
» et qu'après tout c'est une bonne
» pâte d'homme; nous n'eûmes jamais
» de querelles.

» Adieu, madame la comtesse; vous
» voyez que je suis toujours le même,
» et que l'amitié et l'amour feront tou-
» jours le malheur de ma vie. Je suis
» pourtant, Madame, non pas votre
» serviteur : fi donc! ce mot sonne mal

» dans la bouche d'un homme, mais
» votre ami de cœur. »

De la Roche-Arnaud.

Cette lettre absurde et mal écrite est rendue plus ridicule encore par la forfanterie et la grimace d'homme de qualité que Martial-Marcet y montre à chaque ligne. Lui, voué par sa misérable condition et l'obscénité de ses goûts à d'obscures liaisons, trancher tout à coup du *Clitandre* et du *Moncade!* Je suis tentée de croire que cette épître est une jonglerie qui lui facilitait quelque tour de gobelet.

Dans le temps où il publia sa *Biographie des Jésuites*, il reçut, à quelques mois de distance, deux lettres :

l'une anonyme ; l'autre signée d'un jeune homme avec lequel il avait été fort lié chez les Jésuites. Il répondit à la seconde de ces deux lettres.

Les voici toutes trois :

Lettre anonyme.

Paris, le

« Je viens d'apprendre que vous
» avez l'intention d'abaisser jusqu'à
» vous quelques jeunes gens dont la
» bonne renommée excite votre jalou-
» sie, c'est-à-dire que vous voulez les
» rendre infâmes. Je puis être du nom-
» bre, et je ne veux pas, dans ma
» lettre, vous faire sentir tout ce que
» vos procédés ont de hideux.

» L'opinion publique vous a comparé

» à ces vers impurs qui s'agitent en
» voulant tout noircir de leur venin
» pestilentiel. Vous étiez déshonoré dès
» l'instant que vous aviez conçu l'idée
» de devenir calomniateur; et le libraire
» qui a publié votre premier ouvrage
» vous a délivré, en même temps que
» la célébrité, un brevet de bassesse
» qui vous sépare des honnêtes gens, et
» qui vous empêchera de reconquérir
» leur estime. Si vous aviez du cœur, on
» pourrait, par nécessité, vous punir
» de votre impudence; mais l'épée se-
» rait déplacée dans vos mains, comme
» autrefois le cilice et la haire. Je vous
» déclare, toutefois, que si je me trouve
» dans votre nouvelle *Biographie*, je
» vous poursuivrai en quelque lieu que

» vous vous cachiez. Je croirai rendre
» un grand service à la société en per-
» dant un homme qui a le fanatisme
» du crime. Vous voyez donc que vous
» êtes loin de pouvoir compter sur
» l'impunité. Je crois que vous tenez
» plus à la vie qu'à l'honneur. »

Je n'ai cité cette lettre anonyme que pour compléter l'histoire du séducteur de ma fille; car ma conscience me dit que les écrits anonymes sont les armes des lâches, qu'il faut signer ses menaces, ses accusations. Je prêcherai d'exemple en signant ce mémoire.

Aix, juillet.

MONSIEUR,

« Vous me parlez de notre ancienne

liaison, je ne la désavoue point. A Forcalquier, où je commençai à vous connaître, le premier sentiment que m'inspira votre piété, fut celui du respect. A Aix, où je vous retrouvai l'année suivante, la confiance se joignit à l'estime. Vous me rendîtes des services, je ne les ai point oubliés ; vous me donnâtes des avis, je ne rougis pas de les avoir reçus : le cœur qui les dictait était alors vertueux, et c'est peut-être ces avis qui contribuèrent à inculquer dans mon âme les principes d'une vertu telle que vous l'entendiez alors, et telle que vous avez cessé de l'entendre. Depuis que je vois l'intervalle immense placé par vos nouvelles opinions, entre vos sentimens et les miens, sans les avoir, vous m'avez mis en garde contre ce que vous deviez être un jour. Vous m'avez, dites-vous, appris à aimer la vertu ; je l'ai aimée en vous tant que j'ai cru l'y voir. Je l'ai entendu louer par votre propre bouche, dans ceux que les mêmes vœux rendaient alors vos frères, et c'est peut-être près de vous, Monsieur, que j'ai appris à voir des saints dans ces hommes que vous avez pris à tâche de dénigrer, malgré les cris d'une conscience à laquelle j'oserais encore en appeler.

» Mais si, ce que je ne puis croire, vous aviez dès-lors en vue le rôle indigne que vous jouez ; si vous vous prépariez déjà à déchirer le sein qui vous nourrissait; si, par le mot de vertu, vous entendiez le mépris de toute justice, de tout honneur, de toute reconnaissance, alors, nulle amitié n'exista entre vous et moi. Je vous croyais vertueux, Monsieur; si je me suis trompé, c'est une fausse apparence qui m'a séduit.

» Cessez d'apprendre au public de quelle manière vous fûtes mon ami; car, si, comme je viens de le dire, vous régliez, dès le temps où je vous ai connu, le plan de conduite que vous suivez actuellement, je le répète, nos rapports ne peuvent s'appeler amitié ; et, si vos sentimens d'aujourd'hui ne sont pas vos sentimens d'alors, si vos opinions sont en effet nouvelles, comment persuaderez-vous qu'un homme capable de fouler aux pieds les engagemens de la religion, ait pu être fidèle dans son amitié? Comment convaincrez-vous de la droiture d'un cœur qui se demande aujourd'hui : qu'est-ce que cette chasteté ? est-elle sur la terre ?

» Encore une fois, Monsieur, abstenez-vous de me nommer dans ces Mémoires qui vont paraître, ainsi que dans tout autre ouvrage qui sortira de votre plume. Que si vous vous obstinez à faire savoir au public quelle liaison fut entre nous, faites-lui savoir aussi quelle distance nous sépare maintenant. Vantez-vous de m'avoir appris à aimer la vertu; mais dites que je ne reconnais point une vertu qui consiste à révolter tout ce qu'il y a de cœurs tant soit peu honnêtes. Vantez-vous encore, si vous le voulez, de m'avoir fait homme; mais dites quel homme je suis, quel homme, avec le secours d'en haut, je paraîtrai toujours, c'est-à-dire invariablement attaché à la pratique de mes devoirs et d'une religion qui fut la vôtre. C'est ainsi, Monsieur, que, sans aucune justification de votre part, *je ferai taire la calomnie qui vous accuse de m'avoir corrompu* (1) : elle ne demande pas d'autre réponse.

---

(1) Je m'abstiendrai de citer le genre de liaison que l'on dit avoir existé entre ce jeune homme et Marcet. *Note de l'auteur.*

» Gardez-vous surtout, Monsieur, si vous parlez de moi, de nommer votre ami, un jeune homme que, pour être conséquent dans vos opinions, vous devez bientôt ranger sur la liste de ceux que vous vous préparez à dénoncer.

» Vous avez pu oublier et la religion que vous avez embrassée, et les sermens dont vous vous étiez liés; vous avez pu éteindre dans votre âme tout sentiment de générosité et de retenue; quant à moi, avec la grâce du Ciel, je serai fidèle à mes principes; j'aurai toujours en horreur l'ingratitude, la calomnie et l'impiété, et partout je montrerai que j'ai été huit années élève des Jésuites. Voyez, Monsieur, si ce sont là des titres à votre amitié.

» Ne voyez en moi, si vous le voulez, qu'une malheureuse victime de l'opinion; je verrai en vous, moins que ce que vous me permettez d'y voir, un homme digne de compassion; et souvent, je m'unirai, au pied des autels, à ceux qui payent par des prières et des larmes offertes pour vous à Dieu, les injures dont vous voulez les accabler.

» Voilà tout ce que vous pouvez attendre de celui qui fut jadis votre ami, et dont il n'a tenu qu'à vous, Monsieur, de rendre l'amitié éternelle.

« H. du C****. »

P. S. Si, malgré mes demandes,

vous consignez mon nom dans vos Mémoires, et si vous laissez entendre qu'il existe encore entre nous une amitié fondée sur la conformité des sentimens et des opinions, je me croirai obligé de réclamer, et je le ferai hautement.

Fragment de la réponse de Martial Marcet :

« Monsieur,

» Je n'ai j'amais prétendu faire connaître vos sentimens au public; cela ne me regarde point, et je ne me charge guère que de ce qui m'importe. Quand je lui parlerai de vous, je ne lui dirai rien qui puisse vous inquiéter, encore moins vous offenser. Je n'ignore point la diversité de nos sentimens : oui,

Monsieur, je le savais avant que vous me l'eussiez dit, vous ne pensez pas comme moi; autrefois j'ai pensé comme vous. Quand on est jeune, on ne raisonne pas par soi-même, c'est toujours par autrui; quand la raison m'a éclairé, j'ai changé de conduite et de discours, mais non de mœurs. J'ai détruit mes erreurs, *je méprise l'opinion*. A ma place, tout honnête homme en aurait fait de même. Je hais la servitude, j'aime la liberté, je veux des hommes; nous devons tous vouloir ainsi : en sortant de là, nous sortons de la nature qui n'égare jamais, et nous rentrons dans les préjugés qui étouffent la raison, et qui sèment tant de guerres parmi nous. Mais, avec tout cela, Monsieur, j'estime tous les hommes de bonne foi, quelles que soient leurs opinions. Je le répète, je les aime quand ils sont humains; je les plains s'ils s'égarent, et ne les persécute pas; je les crois aussi bons que *moi*, et, s'il s'en trouve de mêmes mœurs, de mêmes goûts, de même simplicité, et de même tolérance que *moi*, malgré tous les préjugés qui séparent les autres, je deviens leur ami; et, n'en déplaise à tous les *faux docteurs*, je crois que mon amitié en vaut bien une autre.

» Vous doutez de ma doctrine et de la sincérité de mes sentimens passés et présens, parce que j'ai brisé des liens qui outrageaient les droits les plus sacrés de la raison, et que j'ai osé écrire avec la conviction d'un homme pur : *Qu'est-ce que cette chasteté ? Est-elle sur la terre ?* Eh ! je me suis demandé et me demande bien d'autres choses encore, lorsque je vois le spectacle des pauvres humains se trahissant les uns les autres, se déchirant, s'entr'égorgeant pour des opinions sans principes et pour des préjugés sans fondemens !

Je déteste l'injustice, et l'honnêteté sera toujours l'étude de mon cœur; je poursuivrai avec ardeur les ennemis de l'espèce humaine (1); *je parlerai de vertu à un siècle qui n'en a pas*

---

(1) Si la première partie de cette lettre est pillée dans Rousseau, le lecteur s'en apercevra bien. Mais que cela soit, ou qu'elle appartienne à Marcet, convenons qu'elle devient bien ridicule sous la plume d'un enfant perdu.

beaucoup; je serai libre au milieu de ces troupeaux d'esclaves qui s'effarouchent tant du nom de liberté; et *celui qui osera dire que je suis un méchant sera lui-même un méchant que l'on devrait étouffer.*

» Que l'on dise : cet homme se trompe, il suit un entendement sans règle et une conscience égarée; c'est dommage, *cet homme est pourtant bon, il est l'ami le plus fidèle, le citoyen le plus vertueux, l'homme le plus....* (1)

» Lorsque je vois qu'il n'y a plus rien de sacré, de juste, d'honnête pour l'esprit de parti; lorsque c'est l'esprit de parti qui est, parmi nous, la règle de

---

(1) Ici sont des ratures.

nos devoirs et le juge de la vertu; lorsque je vois des sages d'un jour verser par torrent, dans les cœurs les plus doux, la fureur de la haine et le poison de l'iniquité; alors, mon âme tout émue, cette âme qui fut long-temps vertueuse à vos yeux, attendrie, saisie d'une sainte indignation et d'une amertume profonde, s'écrie : *Qu'est-ce que la vertu? qu'est-ce que la religion ? qu'est-ce que l'homme ?* Et pourtant, celui qui dit tout cela aime la vertu, la religion, l'homme !

» A voir le triste tableau de nos sociétés, de quoi ne douterait-on pas? Vous êtes jeune, Monsieur, et je dois me garder de vous dire tout ce que je sais. Mais, dans le silence des préjugés, que doit penser un cœur jeune et neuf à ce bizarre changement de pensées, à cet étrange bouleversement qui s'opère à chaque instant dans l'entendement humain? Aujourd'hui, un homme est vertueux, on lui dresse même des autels; demain, ce même homme est renversé de l'autel où on lui rendait des hommages; on le poursuit, on le hait, on le déchire, on le proscrit, et c'est beaucoup si on ne le réduit qu'à mourir de faim; et pourtant c'est le même homme, il a les mêmes mœurs. Mais que sont les mœurs pour des intolérans? Il est toujours bon, juste, sage, ami de ses semblables; il est vertueux pour ceux qu'on n'a pas prévenus, mais sa raison n'est plus la même, il ne juge plus comme hier, il ne pense plus comme il a pensé; et ce crime, au siècle où nous sommes, est un crime que le fer et le feu ne sauraient expier. Mais est-il le maître de penser autrement? Et contraindre la raison, n'est-ce pas le plus grand de tous les crimes? L'homme peut-il, à son gré, diriger son entendement et commander à sa pensée? N'est-il pas injuste, sitôt qu'il ne voit pas comme les autres, de le taxer de mauvaise foi, de malice, de scélératesse? Quel est l'homme, quel est le sage, quel est l'âme unique qui soit maîtresse de ses sentimens, de ses goûts et de tout ce qu'elle éprouve? »

Des renseignemens certains m'ont appris que la lettre du jeune Henri du C..., qui, en effet, avait formé une étroite liaison avec Martial-Marcet, avait été écrite par les Pères Jésuites, bien aises de saisir une occasion pour reprocher son ingratitude à l'enfant apostat qui les avait trahis.

La réponse de Martial, dont il ne m'a été possible d'avoir qu'un fragment, confirme cette assertion. Sans prétendre me faire juge de la philosophie déclamatoire, de la misanthropie de mauvais goût et des idées communes, mal digérées, mal éclaircies, qui remplissent cette épître, on voit assez que ce qu'elle a de défectueux tient plus à l'ignorance de celui qui l'a écrite qu'à l'insouciance qu'il aurait pu apporter en l'écrivant. Il reconnaissait bien l'esprit des Pères dans la lettre de son ancien ami, et songeait bien moins à répondre à leur secrétaire qu'à eux-mêmes : aussi, dans son style tendu, s'efforce-t-il, sinon à justifier, du moins à légitimer le changement de ses opinions.

Cependant, un M. de Montb***, qui s'intéressait à Marcet, l'invita à venir habiter sa campagne. Marcet quitta brusquement l'ami chez lequel il s'était installé, se rendit à l'invitation de M. de Montb***, et jouit quelque temps de la vie de château. Mes souvenirs me trompent-ils? On m'a dit qu'il resta seul dans cette habitation dont le maître se serait contenté de lui faire ouvrir les portes; et que, là, chef indigne de maison, il reçut, à sa table d'emprunt, de joyeux et nombreux convives, entre lesquels figuraient son libraire et son imprimeur. On m'a dit qu'il la quitta par suite de mécontentemens qu'il aurait suscités à son hôte, et débiteur du jardinier pour une somme assez forte.

De retour à Paris, le produit de son ouvrage étant dès long-temps épuisé, il alla chercher un asile dans un hôtel garni de la rue des Fossés-Monsieur-le-Prince...... Pourquoi m'appesentirais-je sur les preuves de la misère de Marcet? Les bons cœurs ne flétriront jamais l'indigence. Martial-Marcet, indigent et vertueux, aurait attiré vers lui, non la pitié, mais l'affection des hommes; on aurait tendu une main amie et secourable à son infortune, et jamais la vengeance d'une mère n'aurait porté le flambeau dans sa vie malheureuse, pour faire voir à tous les yeux les véritables traits de ce jeune Diogène, Diogène, moins la vertu !... qui se fait l'apôtre de son siècle dans le temps même qu'il se déshonore.

Une partie de ses effets fut retenue dans cet hôtel..... Il y avait sept jours qu'il errait dans Paris (c'était la fin de mars 1827), lorsque ce jeune homme, M. G***, son ami de collége, qui se trouvait être mon locataire, le rencontra sous les voûtes du Panthéon :

il le reconnut malgré le désordre de ses traits, le misérable état de ses vêtemens; l'entraîna dans ma maison, l'installa dans sa chambre, et obtint facilement de ma bonté qu'il prendrait place à ma table et serait regardé comme un nouveau pensionnaire.

Les trois premiers mois du séjour de Martial-Marcet au milieu de nous ne furent signalés par aucun événement. Sans cesse retiré dans la chambre de son ami, préparant avec assiduité les matériaux d'un ouvrage intitulé : *Mémoires d'un jeune Jésuite;* lisant et relisant *Manon Lescaut* et la *Nouvelle Héloïse,* Marcet ne se montrait qu'aux heures de repas, et, sous aucun prétexte, ne quittait la maison.

Lors de son entrée chez moi, Julie, l'aînée de mes filles, était placée chez une dame, à Paris, pour apprendre à travailler; je l'en retirai peu de temps après.

Les yeux d'une mère sont indulgens et prêtent souvent à leurs enfans des perfections imaginaires. Dussé-je être accusée de la même faiblesse, je citerai sans présomption, sans emphase, et presque avec la certitude de n'être pas démentie, les qualités de ma chère et bien-aimée fille. Puissent les bénédictions de sa mère et l'éloge sincère qu'elle en reçoit, lui servir d'égide contre la calomnie, comme sa vertu l'a préservée des lâches séductions de Martial-Marcet !

Julie est franche et enjouée : la pureté, la vivacité de son caractère ennemi de toute préméditation coupable, l'exposeront aux apparences de l'inconséquence sans jamais la livrer à ses dangers; elle aime sa mère et ses devoirs, et honore tout ce qui est honorable. Elle est jolie, sa taille svelte et mignonne est bien en harmonie avec sa figure fine, spirituelle et gracieuse; de très-beaux cheveux ornent sa tête, et l'agréable ensemble de sa personne ajoute aux bonnes qualités de son cœur. Telle est la jeune fille qui avait fixé les regards de Martial-Marcet; telle est ma Julie, qu'il a aimée, qu'il a voulu déshonorer, qu'il croyait arracher de mes bras, et que, déçu dans son espoir, il a lâchement calomniée.

Le mois de juillet arriva. Depuis quelque temps, Martial vivait moins retiré : une jeune fille nommée Henriette, compagne de Julie, semblait fixer son attention; il se déclara : la jeune fille agréa la déclaration.... une branche de lilas blanc, symbole de la pureté, qu'elle pensait être l'apanage du jeune Jésuite, lui fut donnée par elle. On trouva les lilas sous le chevet de Marcet. J'intervins alors : je fis voir à Henriette l'inconvenance et le danger d'une pareille liaison ; je lui dis qu'elle romprait certainement son amitié avec ma fille. La pauvre enfant m'écouta, me crut, et ne songea plus à Martial.

Lui, disposé dès-lors à donner plus

de temps à ses passions, ne reprit pas sa vie solitaire; il se montra même davantage, et chercha dans les yeux de Julie la consolation de ce premier échec. Il y mit, toutefois, tant de prudence, que ma surveillance ne surprit rien qui pût alarmer; je crus même, à cette époque, devoir consulter son jugement sur le mariage que je projetais entre ma fille et un homme estimable qui lui rendait des soins.

— « Mademoiselle Julie, me répon-
» dit-il avec calme, ne paraît pas beau-
» coup l'aimer. »

— « Reconnaissez-vous, du moins,
» dans l'homme qui la recherche, les
» qualités qui peuvent faire le bonheur
» d'une femme? »

— « Il les aurait, si votre fille ne
» l'aime pas, que ces qualités devien-
» nent superflues. »

Imprudente! je précipitai, par cette marque de confiance, les projets de Marcet... il écrivit à ma fille, et en vers!

— « Quoi! Monsieur, lui dit Julie,
» lorsqu'elle le revit, après la lecture de
» sa romance, il y a peu de temps,
» c'était pour Henriette que vous sou-
» piriez, aujourd'hui c'est pour moi!
» En vérité, c'est aimer le change-
» ment. »

— « Je n'aimai jamais que vous! lui
» répondit le Jésuite avec enthou-
» siasme, et cet autre amour, dont vous
» m'accusez, je ne le feignais que pour
» éprouver votre cœur. »

La plus mauvaise de toutes les raisons est presque toujours accueillie par une jeune fille qui s'entend dire qu'elle est aimée, et qui n'a pas de motif bien puissant pour ne pas le croire. Julie reçut une seconde épître poétique, aussi mauvaise que la première, et, comme elle, en forme de romance.

Martial, malgré sa misère, en imposait un peu à son imagination simple. Dans ses courts entretiens avec elle, il lui disait : « Que son indigence
» n'était qu'accidentelle; que, posses-
» seur d'un nom illustre dans celui de
» la Roche-Arnaud, il avait encore
» pour le soutenir de vastes proprié-
» tés, en ce moment objet d'un li-

» tige entre ses sœurs et lui, ce qui le
» privait d'en recevoir les revenus : il
» était appelé par sa haute naissance
» à jouer un rôle distingué dans le
» monde... Son amour était violent,
» mais il fallait le payer d'un retour
» qui pût aider une jeune fille sans
» fortune et sans naissance, à franchir
» la distance qui la séparait de lui..... »
Tels et d'autres discours prononcés
avec l'accent de la supériorité et de la
conviction, avaient, il faut le dire,
étonné et flatté l'esprit de mon enfant
qui se voyait en espoir l'épouse d'un
homme de haute naissance et tenant
un rang élevé dans la société. L'excellence de son cœur lui défendait toute
réflexion sur la misère réelle de ce

même homme qui s'enrichissait à ses yeux de biens imaginaires. Martial-Marcet était jeune; il promettait un sincère attachement, un heureux avenir... Elle l'aima, me le dit, me montra les lettres reçues, et mon esprit alarmé attendit la demande de mariage.

Elle ne se fit pas attendre; Martial-Marcet vint me dire qu'il adorait ma fille, et qu'il la desirait pour épouse. Son orgueil ne se donna pas auprès de moi de si grandes satisfactions qu'auprès de Julie. Martial, prévoyant qu'une mère envisage les choses sous un aspect plus positif que celui de la vanité, fit choix, pour me tromper, d'un mensonge contre lequel mon ex-

périence ne pouvait me défendre. —
« J'achève, me dit-il, un ouvrage qui
» aura pour titre : *Mémoires d'un jeune*
» *Jésuite;* les frères Baudouin me l'a-
» chètent DIX MILLE FRANCS : je␣depose-
» rai cette somme entre vos mains ; j'y
» ajouterai celle de deux mille francs
» que les mêmes libraires me donne-
» ront pour une lettre à l'archevêque
» de Paris, que je vais composer; au-
» tant pour une pétition à la Chambre
» des Députés, contre les Jésuites....
» Voilà pour le présent; l'avenir est à
» moi!... Mes autres ouvrages me se-
» ront payés dans la même␣propor-
» tion... Vous voyez bien que votre
» gendre, laborieux, économe, peut
» faire le bonheur de votre fille ! »

Eh bien ! oui, moi aussi, je fus séduite ! placée dans une condition médiocre ; ne pouvant espérer un parti brillant pour Julie, j'agréai la demande de ce jeune homme, vers lequel m'attiraient, sans doute, sa misère dont je ne l'accusais pas, et les bontés dont je le comblais depuis plusieurs mois. — « Achevez votre ouvrage, lui répondis-je, touchez, et versez dans mes mains les dix mille francs, et ma fille est à vous. »

Martial, parlant selon sa conscience, et en homme d'honneur, satisfait de ma réponse, aurait calmé sa tête que troublait l'amour ; il aurait repris ses travaux ; il aurait mérité ma fille aux conditions bien modestes que lui imposait cependant ma prudence... Le contraire arriva. Cet ouvrage, qu'il ne pouvait trop se presser d'achever, il n'y travailla plus. Les conseils de son ami, M. G...., les miens, ceux de ma fille, n'obtinrent de lui que de stériles promesses. Tout entier livré à la violence malheureuse d'une passion, dont la perversité de ses intentions et le déréglement de son esprit faussaient le but, il n'obéit qu'aux turbulens transports d'une jalousie sans objet. Il assiégea ma fille de reproches, de menaces, de prières, de protestations, et verbalement, et dans ses lettres, et par ses regards. L'enfer était dans ma maison !

Vers ce temps, mes affaires domestiques éprouvèrent des embarras inattendus. L'homme de qui j'avais acheté mon fonds de commerce, vint à mourir; nos arrangemens n'étant pas établis sur des bases bien stables, la succession, et le propriétaire de la maison que j'occupais, étaient à la veille de me susciter des ennuis. Dans mon inquiétude, je songeai que mes longues bontés pour Martial-Marcet le faisaient mon débiteur d'une somme qui, si elle m'eût été remboursée, m'aurait facilité les moyens de parer aux plus graves inconvéniens. J'en parlai à son ami, je lui en parlai à lui-même. Il promit de nouveau de hâter la composition de son ouvrage. Indulgente et crédule, je cherchai une autre ressource, et je prévins par de plus sûrs moyens l'orage qui me menaçait.

Tout en concevant, par intervalle, de vagues et pénibles craintes sur le caractère et la probité de Martial-Marcet, mes relations avec lui ne paraissaient nullement changées. Si je ramenais souvent ma fille à de graves réflexions sur son sujet; si, dans les lettres qu'il lui écrivait, il se permettait déjà de lui montrer sa mère sous d'odieuses couleurs, nos visages n'en exprimaient pas moins l'un devant l'autre la cordialité que nécessitaient nos rapports. De ma part, c'était esprit de convenance, et crainte généreuse de céder à d'injustes soupçons ; de la sienne, c'était perfidie et trahison.

Louise, la plus jeune de mes filles,

était alors en pension à l'allée des Veuves, chez une dame Chap..., personne très-respectable, entourée d'une charmante famille, dont elle est chérie. Sa fille, jeune femme, pleine de grâces et d'agrémens, est mariée à un banquier de Paris, M. D...; et son fils, âgé de seize ans, à l'époque dont je parle, travaillait dans les bureaux de son beau-frère. Dans l'été, cette famille se réunissait chaque jour dans la maison de madame Chap...; et son mari, vieillard vénérable, présidait ce cercle intéressant.

Le soin de ma petite Louise dut me conduire un jour chez madame Chap....—Martial-Marcet sollicita la permission de m'y accompagner, malgré le déplorable état de ses vêtemens, auquel je remédiai de mon mieux (1), et qui me faisait craindre que sa misère ne parût trop à jour : j'y consentis.

L'habitation, les maîtres qui l'occupaient, tout l'enchanta. Au retour, il en parlait avec enthousiasme. Moi, préoccupée d'une autre idée, je dis que j'éprouvais un grand chagrin de me voir aussi bornée dans mes moyens d'existence; que sans cela j'aurais placé quelque temps ma fille Julie dans la maison de madame Chap.... pour y acquérir une instruction au moins élémen-

---

(1) Je rougirais d'entrer dans le détail des soins qu'il me fallut prendre pour couvrir la nudité de ce malheureux Marcet

taire, indispensable de nos jours. —
« L'amitié que vous porte cette dame,
» me répondit Martial, l'engagerait sans
» doute à vous créditer d'une année de
» la pension de mademoiselle Julie. »
— « J'en suis certaine, répondis-je ;
» mais un pareil service n'est pas à de-
» mander. » — Je crus que le propos
en resterait là.

Déplorable fléau des ennemis intimes ! aucune parole, aucune pensée ne s'égare auprès d'eux : leur active et cruelle intelligence met en réserve tout ce que l'abandon des entretiens familiers laisse échapper, et, faisant féconder ces épargnes inattendues, leur fait bientôt porter des fruits amers et empoisonnés !

Le lendemain de cet entretien, Martial-Marcet écrivait à madame Chap.... la lettre suivante :

Paris, 28 août 1827.

« Madame,

» Hier, dans votre conversation, vous
» avez paru prendre un intérêt bien vif
» et bien touchant pour mademoiselle
» Julie Yung. Cette pauvre enfant,
» qui vous estime et vous aime beau-
» coup, en fut touchée, et moi, à mon
» tour, j'en fus pénétré dans le fond
» du cœur d'une parfaite reconnais-
» sance.

» Elle se trouverait heureuse, si elle
» pouvait vivre quelque temps avec
» vous. Malheureusement, sa mère ne

» peut pas la tenir en pension, quoi-
» qu'elle en ait une extrême envie,
» plutôt pour s'en débarrasser (1) que
» pour embellir et sa belle personne et
» son âme plus belle encore. Madame,
» je me charge (2) d'un soin et d'un
» intérêt dont sa mère ne peut pas et
» ne *veut pas* se charger. C'est pour

---

(1) L'imposteur est maladroit, car il me calomniait devant une personne qui m'estimait et m'aimait. Que l'on se rappelle d'ailleurs ma conversation avec lui, à ce sujet, et l'on jugera de son audace à mentir.

(2) Le linge qui le couvrait n'était pas le sien; M. G.......... et moi nous nous entendions pour le couvrir et l'approprier : il logeait, vivait depuis cinq mois dans ma maison, sans avoir à s'inquiéter du prix des choses; chaque fois qu'il sortait, je mettais quelqu'argent dans sa poche; et le voilà qui *se charge* de la pension de ma fille!

Notes de madame Yung.

» cela qu'hier je vous demandais le prix
» de la pension. Si vous voulez rece-
» voir mademoiselle Julie, c'est moi
» qui ferai, avec la plus scrupuleuse
» équité, ce qu'exigera le devoir. Il n'y
» aurait qu'une difficulté, c'est que je
» ne pourrai commencer de payer la
» pension que dans un mois : j'attends
» à cette époque une somme de dix
» mille francs (1), et je crois que je se-
» rais capable de la mettre à vos pieds,
» cette somme, QUOIQUE PETITE, pour
» vous montrer tout le sentiment que
» vous m'auriez inspiré en répondant

---

(1) Voilà sa dot écornée ! il comptait si peu sur cette somme, qu'en paroles ou par écrit il la mettait aux pieds de tout le monde.

Note de madame Yung.

» à mes justes desirs. Le consentement
» de la mère ne sera pas difficile à ob-
» tenir; *elle veut s'en défaire*, et m'a-
» vait confié le desir qu'elle aurait de
» la mettre dans votre maison.

» Je suis convaincu, Madame, que
» vous me ferez une réponse favorable
» et prompte, et vous pouvez compter
» que vous aurez à traiter avec un
» homme loyal, et qui sent tout le prix
» des MOINDRES ACTIONS BIENFAISANTES.
» Je n'ai pas besoin de vous demander
» un secret nécessaire; votre mérite,
» que je n'ignore pas, me répond de
» tout.

» Agréez, Madame, avec mon es-
» time la plus grande, la considération
» la plus parfaite,

» MARCET DE LA ROCHE-ARNAUD. »

» *P. S.* Ayez la bonté d'adresser
» votre réponse au nom suivant: M. Ju-
» les *de* Corbey (1), rue Saint-Jacques,
» n° 96; c'est sous ce nom que l'on
» m'écrit momentanément. LE GOU-
» VERNEMENT NE M'AIME PAS, et comme
» toutes mes lettres ne sont pas de
» la nature de celle-ci, j'ai intérêt à
» ce qu'elles n'aillent pas à la poste
» sous mon nom véritable.

» Madame Yung n'ignore rien de ce
» nom. »

Le peu de jugement de Martial-Marcet, lui promettant le succès de cette lettre inconcevable, il se voyait,

---

(1) Il voulait absolument être noble sous tous ses faux noms. *Note de l'auteur.*

à la faveur du mois de crédit que lui aurait accordé madame Chap..., débarrassé de ma surveillance; son entrée dans le pensionnat lui semblait un droit acquis comme bienfaiteur et futur époux de ma fille, et pendant ce bienheureux mois, il comptait sur des entretiens avec Julie, qui consommeraient sa perte, et, lui ôtant l'honneur, l'arracheraient à jamais des bras de sa mère. La suite prouvera que cette conjecture est une prévision de la vérité.

J'ai su de madame Chap..... qu'elle resta stupéfaite après la lecture de la lettre de Marcet. Bonne mère, et femme éclairée, elle ne pouvait tomber dans le piége qu'un audacieux imprudent osait lui tendre. Toutefois, par un reste d'égards que lui inspirait l'idée de mes bontés pour Marcet, elle voulut bien ne pas lui communiquer toutes ses réflexions, et se contenta de lui dire : « Que la pension, payable, *sans exception pour personne, trois mois d'avance*, était de huit cents francs; que, quant à l'offre qu'il faisait de s'en charger, elle ne pouvait se faire juge de ses intentions, mais ne recevrait mademoiselle Julie que des mains de sa mère. »

Il me fallut payer le port de cette lettre. Sur l'adresse, je reconnus la main qui l'écrivait, et prévoyant quelque démarche inconsidérée, je me rendis chez l'institutrice. Tout me fut révélé.

Je ne me rappelle pas bien ce que je dis à Marcet sur cette affaire ; j'en fus d'ailleurs bientôt distraite, par une preuve inouïe de la bonté de madame Chap.... Cette dame connaissait mes desirs en faveur de Julie ; elle en parla à madame D***, sa fille, que la belle saison fixait à l'allée des Veuves. Ces dames convinrent de me demander mon enfant. « Ce serait une aimable compagne qu'elles auraient pour passer les beaux jours de la saison. » J'acceptai, car c'est faire injure à la bienveillance, que de résister à ses avances, et j'étais aise en voyant se réaliser un vœu que j'avais formé, de pouvoir soustraire Julie à l'influence funeste de Marcet. Ma fille fut donc installée

(le 15 septembre) chez madame Chap.....

Un grand étonnement saisit Martial-Marcet, lorsqu'il vit cette affaire se conclure; elle n'était pas l'œuvre de sa bienfaisance, il en perdait le mérite et le bénéfice. L'éloignement de Julie ne lui semblait plus si desirable, puisque, n'étant plus le résultat de ses combinaisons, son admission auprès d'elle n'était point un droit, mais une faveur qu'aucun prétexte spécieux ne lui permettait de solliciter. Dans sa perplexité, il s'adressa à Jean-Jacques, jeune garçon à mon service, récemment arrivé de la campagne, ayant la simplicité d'un nouveau débarqué, et l'innocence d'un honnête villageois. Il voulut être instruit par lui du but de tous les pas, de toutes les démarches, et lui proposa même de porter ses lettres à ma fille... Le brave jeune homme s'y refusa; Marcet insista; le domestique dit « que ce serait manquer à sa maîtresse, et offenser Dieu.... » Je ne citerai pas la réponse, elle fut digne d'un homme sans persuasion arrêtée, sans respect pour aucune idée reçue, pour aucun sentiment, et prêt à vivre de Dieu, comme prêt à le renier.

Quelques jours s'écoulèrent, pendant lesquels l'esprit de Martial-Marcet était à la torture; il s'agitait autour de moi, m'observait, n'osait m'interroger... Enfin, cédant à la tourmente de ses idées :

— « Madame, me dit-il, j'ai une course à faire au faubourg Saint-Honoré, avez-vous quelque commission à me donner pour votre fille ?

— » Non, merci.

— » J'aurais été bien aise de profiter de cela pour saluer madame Chap.....

— » Pour le faire, vous n'avez pas besoin de prétextes; cette dame vous a déjà reçu, et vous accueillera. »

Je vis son cœur bondir à ces paroles; il ne resta pas long-temps dans l'appartement. Pour moi, je préférais m'en remettre à la prudence de l'institutrice, pour la sûreté de ma fille, que d'irriter les passions fougueuses d'un jeune homme, qui pouvait se porter à quelqu'acte insensé.

Une fois reçu dans le pensionnat, il profita de cette faveur avec un grand empressement. Lorsqu'il n'entrait pas dans la maison, il rôdait sous les fenêtres. De l'allée où il s'établissait, s'il apercevait dans l'appartement quelque mouvement, sa jalousie s'en alarmait; il entrait en fureur, si Julie, paraissant à la fenêtre, semblait témoigner la moindre gaîté. Enfin, fatigué de ce culte infructueux qu'il rendait à ma fille, l'esprit dérangé par la vie misérable et paresseuse qu'il menait, il sollicita vivement Julie de fuir avec lui, et, par une conséquence de l'absence totale de son jugement, il commença à flétrir la réputation de cette même femme qui troublait sa raison, et causait à son cœur de si violentes émotions. Un après-dîner qu'il revenait de l'allée des Veuves avec le jeune Emile Chap...., le temps étant détestable, et la pluie tombant en abondance, ils s'abritèrent sous les arcades de la rue de Rivoli.

— « Croyez-vous à la vertu des femmes ? dit brusquement Marcet.

— » Sans doute, j'y crois, répondit Emile avec candeur, surtout en pensant à ma mère, à ma sœur, à toutes les femmes qui m'entourent.

— » Que vous êtes simple !... les femmes, mon cher, sont toutes coquettes et infidèles.

— » Toutes, Monsieur !.. Cependant vous vivez dans la maison d'une dame respectable, mère d'une fille vertueuse.

— » Madame Yung ? Julie ? vous voulez dire... Mais cette dame Yung est la fausseté même... sa conduite est horrible !.... sa prostitution est évidente ! Julie ?... Mais elle a un amant.

— » Un amant, Monsieur ! quelle horrible calomnie !

— » Que diriez-vous, si je vous montrais de ses lettres et de ses cheveux ?

— » Je dirais.... que cela vous serait impossible... je dirais... qu'il n'y a qu'un malheureux qui soit capable de confier de pareils gages... Comment sont-ils entre vos mains ?...

— » L'amant lui-même me les a remis.

— » L'amant!... Monsieur, cela est impossible ; mademoiselle Julie est vertueuse, ses principes sont sûrs !

— » Vous y croyez encore à ses principes !... (prenant son portefeuille, et en tirant des cheveux et des lettres)... Reconnaissez-vous ces cheveux? Reconnaissez-vous cette écriture ? »

Le jeune Émile reconnut en effet l'écriture et les cheveux de ma fille.

— « Mais vous devez l'épouser ! s'écria-t-il hors de lui, et c'est vous qui la déshonorez !

— » Jeune homme, reprit Marcet d'un ton d'autorité, il ne vous appartient pas de juger mes intentions. »

Le fils de madame Chap... le quitta, attéré, révolté de tout ce qu'il venait d'entendre. Un combat s'engagea dans son âme. Démasquerait-il à mes yeux le traître que je nourrissais près de moi? ou craindrait-il de trahir la malheureuse confiance dont il avait involontairement été le dépositaire? Après trois jours d'angoisses et d'incertitudes, il se décida enfin à venir me trouver. C'était le soir ; Martial-Marcet était chez madame Chap..... Emile me raconta, sans rien omettre, les détails de son entretien rue de Rivoli.

Mon chagrin, ma colère, en connaissant tant d'ingratitude et de bassesse, furent à leur comble. Ma conversation avec le jeune Chap..... se prolongea au milieu des pleurs, des plaintes ; il était onze heures et demie...

L'imposteur rentra, pâle, agité; en me voyant auprès d'Emile, en surprenant dans mon regard la colère que sa vue m'inspirait, il comprit que le jeune homme avait parlé : il saisit violemment son flambeau, et se retira sans dire mot.

Le malheureux! il n'avait quitté ma fille qu'à onze heures; il avait fait à la pauvre enfant une horrible scène; il l'avait priée, menacée, s'était jeté à ses genoux, avait laissé éclater son désespoir... et tant de supplications, de menaces, de gestes..... pour la faire consentir à fuir avec lui... à renoncer à jamais à une ODIEUSE MÈRE QUI NE VOULAIT QUE SON MALHEUR... Julie, ma bien-aimée fille, résista... C'est la rage dans le cœur que Marcet rentrait sous mon toit.

Le lendemain, je repris Julie auprès de moi; je lui dis les horribles propos que le monstre avait tenus contre sa mère et elle.

— Il faut qu'il s'amende, s'écria ma fille, avec un emportement dont je ne fus pas maîtresse, que mes cheveux, que mes lettres me soient rendus. Qu'il s'abaisse le misérable, et qu'il avoue sa lâcheté.

Tout à coup elle monta précipitamment dans la chambre de Martial; sa voix, son attitude exprimaient une énergie extraordinaire. Elle redemanda ses cheveux, ses lettres, maudit l'homme qui lui avait arraché de si précieux gages de sa confiance, lui répéta les calomnies dont il avait souillé deux femmes, dont l'une l'avait aimé, l'autre le comblait depuis sept mois de ses bienfaits, et finit par lui ordonner, n'ayant plus à songer à elle, de quitter la maison.

Martial-Marcet rendit les objets demandés, voulut s'excuser; on ne l'écouta pas... Sa douleur alors éclata, il se jeta à genoux, saisit les mains de Julie, les pressa, voulut, en les mouillant de ses larmes, l'attendrir et obtenir son pardon... Julie le laissa la face contre terre. — Dans les vingt-quatre heures, elle était replacée chez madame R***, couturière, rue Saint-Honoré.

Toutes les passions haineuses rongeaient le cœur de Martial-Marcet ; son horrible confidence avait été révélée, la femme qu'il avait vouée à la prostitution, lui échappait... Son masque était à terre... Il roula dans sa tête un horrible projet. Tandis que mon inexplicable faiblesse, justifiée cependant par les prières de Monsieur G..... lui permettait encore d'approcher de ma table, et d'habiter ma maison, il prenait la résolution de la rendre le théâtre d'une scène sanglante.

Dans la même semaine, le samedi soir, Emile Chap.... vint me voir. Dix heures étant sonnées, je le laissai entre Martial et G......., et je me retirai dans ma chambre.

— M. Emile, s'écrie soudain le Jésuite, vous êtes un fourbe, un traître! Le jeune homme veut demander des explications de ces injures... La table qui les sépare est renversée ; les bouteilles, les verres, volent en éclats, la lumière s'éteint... et dans l'obscurité, Martial-Marcet saisit cet enfant de seize ans, et le frappe à coups redoublés. J'entends un épouvantable fracas... J'entends des cris étouffés... J'étais couchée, ma lumière brûlait sur ma table de nuit... Je m'élance hors de mon lit, je saisis mon flambeau... je me jette dans la chambre d'où partent ces cris... je vois dans l'angle du mur, vis-à-vis la porte, le malheureux Emile, la figure baignée de sang, et frappée encore violemment par Martial-Marcet, qui l'écrasait d'une main, et de l'autre tenait courbé et en respect M. G........

Les femmes sont susceptibles de colères généreuses qui doublent leurs forces, les rendent supérieures au danger, et leur font dominer, par une belle inspiration, les fureurs cruelles des hommes. Je me précipitai sur Marcet : d'un bras que je ne me connaissais pas, je le saisis par la ceinture, l'arrachai de dessus sa victime, l'entraînai à l'autre extrémité de la chambre et le jetai sur un tabouret.

— « C'est à moi, scélérat! lui criai-
» je, que tu auras à faire maintenant!
» c'est sur mon corps que tu passeras
» pour aller jusqu'à cet enfant. Ah!
» misérable, continuai-je, vous abusez

» ainsi de votre force, vous assommez
» lâchement un enfant!... vous voulez
» déshonorer une maison où vous re-
» cevez l'hospitalité!.. et c'est vous, qui
» ne savez pas vous gouverner vous-
» même, qui osez, dans des écrits men-
» teurs, prêcher votre siècle, donner
» des leçons aux Rois et changer le
» destin des empires! Homme vil! on
» vous démasquera! »

Ce que l'on connaît de Martial-Marcet peut facilement faire prévoir la brutale colère dont il était encore capable. — Il me menaça de me traiter, moi, femme, comme il avait traité Emile. Je l'en défiai, je répétai mon défi; je bravai sa dégoûtante menace : des paroles impures, au-delà de toute expression, le vengèrent et, deux mères de famille devinrent, dans sa bouche infecte, le rebut honteux du vice et de la prostitution.

J'abrège les détails révoltans de cette déplorable scène qui se prolongea fort avant dans la nuit. Martial, vaincu par ma résistance, s'était retiré un instant en s'écriant : « Je suis content, » j'ai remporté la victoire ! » Quelle victoire ! grand Dieu !... Il revint, peu d'instans après.... J'avais fait fuir sa victime; il crut qu'elle était cachée, et il alla l'attendre jusqu'à deux heures du matin sur la place Cambrai...

Le lendemain, le *triomphateur* reçut la lettre suivante du respectable père d'Emile :

« Monsieur,

» C'est avec une vive douleur que j'ai appris de quelle manière indigne vous avez traité mon fils, et j'ose vous demander de quel droit vous vous êtes permis de le frapper, et qu'est-ce qu'il peut vous avoir fait. Je sais de bonne part qu'il ne vous a pas provoqué, et je découvre facilement la cause de votre brutalité et de votre rage : *c'est la jalousie.* Vous devez voir, Monsieur, que mon fils est un jeune étourdi, mais point méchant; et s'il vous avait offensé en quelque chose, vous deviez lui servir de père, en lui faisant de sages remontrances. Mais, pour en venir au point capital, dites-moi, s'il vous plaît, en quoi mon fils pourrait vous nuire à l'égard de la personne que vous recherchez *soi-disant* en mariage, que vous chérissez et détestez tout à la fois, et sur le compte de qui vous avez tenu les propos les plus indécens, en la diffamant, ainsi que mon épouse, qui, comme moi, vous avait reçu très-poliment à la maison, par amitié pour cette personne, qui serait certainement très-malheureuse, si c'était son sort de devenir jamais votre épouse; car, fussiez-vous riche *comme un Crésus*, cela ne suffirait pas pour faire le bonheur et de l'un et de l'autre, puisque, dans le mariage, il n'y a qu'une amitié réciproque de la part des deux époux qui puisse en faire le bonheur : ce que vous savez aussi bien que moi.

» Ainsi, d'après ce petit exposé, vous paraissez avoir renoncé à l'idée de jamais former une union avec cette demoiselle qui mérite d'avoir pour époux un homme juste, franc et sincère, étant très-vertueuse et d'un caractère fort doux. Mais, tout aimable qu'elle soit, comment avez-vous pu vous mettre dans l'idée que mon jeune étourdi pourrait nuire à votre prétendu hymen, que vous ne pouvez, au reste, réaliser sans le consentement de sa chère mère?

» Je pense bien, Monsieur, que vous ne manquerez pas de dire que tout ceci ne me regarde pas; cela est bien vrai, mais c'est votre barbare traitement envers mon fils qui a amené toutes les observations que je viens de vous faire.

Moi, homme de lettres, et figurant avec les savans, je frémirais d'avoir *la réputation d'un assassin*, et je vous engage, par la présente, à ne point récidiver. Remarquez bien, Monsieur, que quand Emile est chez madame Yung, et ne vous dit rien, vous n'avez aucun droit de l'attaquer; et fût-il même chez vous, la politesse et les bienséances vous le défendraient, supposé toujours, Monsieur, comme vous l'avez fait, que vous n'auriez eu pour son âge aucune considération. Si j'apprends que vous en agissiez envers lui de la sorte, je vous déclare, par la présente, que je porterai ma plainte en justice, et il est très-fâcheux pour moi, qui vous croyais tout autre, et qui respectais vos connaissances, d'avoir à vous communiquer des choses aussi désagréables. C'est pourquoi je vous dispense d'une réponse, bien persuadé d'avance que vous n'auriez rien de bien flatteur à me dire, encore que le droit soit de mon côté.

» Chap....,
Professeur d'anglais. »

» *N. B.* J'ai peine à ajouter foi, Monsieur, à ce que j'ai ouï dire, que, malgré toute votre indignation et vos mépris pour les Jésuites, vous ayez été membre de cette société!....

Afin de tirer vengeance de l'affront qu'il avait reçu, affront agravé encore par une lettre de Marcet à Julie, où, se vantant de l'attentat exercé sur Emile, il insultait d'une façon ignoble à l'honneur et aux affections de ce jeune homme, Emile lui envoya un cartel, avec injonction de se rendre promptement à cet appel.

La conduite de Martial-Marcet fut inouïe dans cette occasion. — Certes, je n'avais pas besoin de lire la lettre d'*Héloïse* pour avoir horreur du duel. Le courage que la Providence a placé dans le cœur des femmes ne va pas jusqu'à l'audace du meurtre, légitimé par le soin de l'honneur. Une femme voit dans le duel un acte de misérable bravoure, qui, ne pouvant offrir les garanties *du jugement de Dieu,* expose l'offensé à succomber sous les coups de l'offenseur. — Et cependant, par une bizarrerie de la condition humaine, l'épouvante qu'inspire aux femmes l'idée d'un combat singulier, ne les garantit pas du desir de voir une offense réparée..... La provocation qui répond à l'insulte leur semble généreuse en même temps que de bon droit..... Elles frissonnent aux mots d'*épée* et de *pistolet;* elles aiment un défi bien adressé et pour une juste cause; et, par une conséquence de ce sentiment, la fuite, la terreur du lâche leur inspirent un invincible dégoût, un mépris profond pour l'injuste offenseur qui s'en rendrait coupable.

Le défi d'Emile, tout en m'affligeant, me parut donc un mouvement équitable et généreux.

Voici comment Martial-Marcet y répondit : il composa une fausse lettre (j'ai l'original, marqué du timbre de la poste, entre mes mains), et, la signant du nom de *chevalier de* Montlaur, l'adressa au jeune Chap....

Paris, le...

« Monsieur *de la Roche-Arnaud* étant absent et m'ayant chargé de ses affaires, je réponds au nommé Emile Chap.... que jamais homme brave et sensé ne commit le soin de son honneur avec un fou; qu'il y aurait quelque peu de honte à se battre avec un imbécille qui n'est ni Français, ni Anglais, et qui n'aspire qu'à l'honneur flétrissant d'être .... (1). Quant à cette Julie, je ne la connais point et je peux assurer que jamais pareille lettre ne lui fut envoyée (2); que monsieur de la Roche-Arnaud ne souilla jamais sa plume du nom de cet infâme et lâche polisson, qui n'a pas plus de cœur que son

---

(1) Ce Mémoire, expression de la juste vengeance d'une famille outragée, n'a pas pour but de servir les intérêts du pouvoir... La délation m'est odieuse comme la calomnie. J'ai donc remplacé par des points les phrases injurieuses pour d'autres PERSONNES que pour Émile et ma fille.

(2) L'original de cette lettre écrite à ma fille est dans mes mains ; et il osait écrire lui-même : — « *Je peux assurer que jamais pareille lettre » ne lui fut envoyée.* » — Le misérable ! sous le nom *d'un officier*, dit ne pas connaître *Julie ;* et il l'insulte ignominieusement !

frère .... Un homme comme monsieur de la Roche-Arnaud n'écrit jamais à des p..ns.

» Sachez encore que monsieur de la Roche-Arnaud n'insulte jamais ....
Il se soucie peu aussi des engagemens dudit Emile Chap...., qui m'a l'air d'une tête aussi mal organisée et d'une âme aussi vile que celle de *l'individu* dont il prend si bêtement la défense. Il y aurait de l'infamie d'aller au bois de Boulogne pour un tel sujet et avec un tel sire. Si cependant la vie vous est tellement à charge que vous vouliez aller la laisser dans les rendez-vous de la canaille, je payerai quelque goujat, afin qu'il y ait égalité de partie; car que peut-il y avoir de commun entre mon-

sieur *de la Roche-Arnaud* et vous, et entre vous et moi ?

» Le chevalier de Montlaur,
ancien officier de la Garde. »

J'en appelle à tous les hommes de cœur, quel est celui d'entre eux qui se sentirait capable d'écrire une pareille lettre? Quel est l'officier qui répondrait à un cartel adressé par un galant homme, par des injures aussi brutales, dont la conclusion serait le refus du combat? Non, ce n'est point un ancien militaire qui a tracé cet écrit, et Martial, ajoutant au nom emprunté la qualité d'*ancien officier de la Garde*, se chargeait lui-même de révéler son imposture. Existait-il des chevaliers dans l'ancienne Garde? ceux de la Légion-d'Honneur faisaient-ils précéder leur signature de ce titre unique : chevalier? ou plutôt, ne disaient-ils pas : chevalier de la Légion-d'Honneur? n'est-il pas évident que le goût décidé de Martial d'être noble sous tous ses faux noms, se montre encore ici? et peut-on douter que la qualité d'officier, dont il se parait, ne fut que pour en imposer à l'esprit timide d'un enfant?

Le jeune Emile n'eut pas besoin d'une grande maturité de jugement pour reconnaître le lâche mensonge de Martial-Marcet; sa pénétration découvrit le fourbe, et sa franchise le signala. Il répondit au chevalier de Montlaur comme à un être imaginaire, laissant à la conscience et à la sagacité de Martial le soin de rendre à qui appartenait les énergiques vérités échappées à son cœur indigné.

Un pareil trait peint un homme; il est donc inutile que, donnant un nouveau coup de pinceau qui ajoute à la ressemblance, je cite cette réponse de Martial à quelqu'un qui déplorait devant lui le sort de ce galérien qui, libéré et ne pouvant se replacer dans la société, commit un vol avec toutes les circonstances agravantes pour être replongé dans le bagne : — « Imbécille!
» s'écria Martial, voler!... à sa place
» j'aurais profité de cela pour tuer un
» de mes ennemis! »

Que l'on ne croie pas Martial guéri

de sa rage d'amour, et revenu de ses projets de persécution contre ma fille. Ne pouvant plus rien espérer d'elle, mais ne pouvant non-plus la tourmenter, car il ignorait sa demeure, il imagina d'aller chez une dame Bonnefonds, chez qui Julie avait travaillé, et lui dit : — Avez-vous vu mademoiselle Yung? — Non, Monsieur. — C'est que voilà trois jours qu'elle a disparu de chez sa mère.... On ne sait ce qu'elle est devenue........ Je reçus le compliment de condoléance!... et, de guerres lasse, révoltée de tant de turpitudes, de trahison, d'audace, d'impudeur, de forfanterie et de lâcheté, je chassai Martial-Marcet de chez moi (à la fin d'octobre 1827).

Il alla habiter l'hôtel des Sciences et des Arts, rue des Cordiers.... Pendant un mois, je lui fis porter sa nourriture, que ma pitié ne pouvait s'empêcher d'accorder à sa misère.

J'ai l'âme chagrine en terminant ce Mémoire. Les événemens qui se sont retracés à ma pensée m'ont trop rappelé les dégoûts, les angoisses, les terreurs qu'il m'a fallu subir pendant sept mois que Martial-Marcet fut le commensal de ma maison. Ce jeune homme laisse après lui et contre lui une impression de tristesse, de mépris et de haine, qui fatigue et prolonge la peine qu'il a causée. J'aurais voulu pouvoir étouffer mes ressentimens, imposer silence à mes souvenirs. La vengeance, qu'un proverbe définit : «*le bonheur des femmes* », est, je le sais, et je le sens, pénible même pour celui qui l'exerce : elle inspire des défiances, souvent salutaires à ceux qui en sont les témoins ; ils craignent que les passions qui l'ont excitée n'aient emporté au-delà du vrai ; et une injuste vengeance est si odieuse ! la calomnie dont elle se fait un auxiliaire est si atroce et si lâche !

Mais si l'accusation est vraie, si la vengeance est légitime, est nécessaire, oui nécessaire pour assurer son repos, protéger son honneur, que voudraient troubler et flétrir des méchans ! — Ce n'est plus de la vengeance, c'est de la justice.

— Que celle dont ce Mémoire est l'instrument pèse de tout son poids sur le cœur endurci de Martial-Marcet ; que la main qui l'a tracé, ce Mémoire, arrachant le masque à ce Jésuite, le montre ce qu'il est... ce qu'il sera, car à vingt-huit ans l'homme est achevé ; le perfectionnement qu'il peut attendre n'est plus que dans l'impossibilité de mal faire où le réduit un peu plus tard la décadence de son âge.

— Enfin, puissent les faits que j'ai consignés dans ces pages, faire penser à ceux qui les liront que les hommes qui ont pu former un Martial-Marcet sont les ennemis les plus dangereux de la morale, des lois et de la patrie, puisque leur instruction a pour résultat de jeter dans la société des fils ingrats, des perfides amis et de mauvais citoyens.

Encore l'Éditeur.

Diable! diable! me dis-je, en refermant le manuscrit, et en me grattant le front, comme aurait fait un marchand méditant sur une opération, et craignant de la faire mauvaise. —Ce manuscrit est bien sérieux! Le coup qu'il doit porter sera terrible, et fera crier *merci* au malheureux Marcet. —Je n'aime pas ces coups de *merci*, ils ne laissent point de voie au repentir, ils étouffent la plainte et la défense, qui, en bonne justice, sont les priviléges des gens qu'on accuse.—Si jeune, si nouveau dans les affaires de ce monde, et déjà une vie aussi mal remplie que le serait celle d'un vieux Jésuite ! — Dans cette existence obscure et inutile, combien de projets conçus pour un mauvais but, de combinaisons astucieuses et perfides ! — L'imprudent ! si ce n'est pas conscience, et par un pur sentiment des devoirs que doit songer à remplir un galant homme, que n'a-t-il, du moins, dans l'intérêt de son avenir, arrêté sérieusement ses pensées sur lui-même! Dans le désordre de son esprit, dans sa condition misérable, il aurait reconnu l'inévitable fruit de ses égaremens. — Ces aventuriers du dernier ordre sont tous les mêmes. — Je n'oublierai jamais l'histoire singulière d'un jeune abbé, que me racontait souvent, sans doute pour me servir d'exemple, Thomas Fortier, mon grand-père, libraire au Palais dans sa jeunesse, plus tard échevin, et au commencement de la révolution marguillier de Saint-Nicolas-du-Chardonnet; charge qu'il n'avait acceptée que dans l'intention d'offrir son pain bénit du dimanche à une veuve jeune encore, que mon frère avait connue demoiselle.

Cet abbé, par suite de réflexions entièrement contraires à celles du cardinal de Retz, avait jeté, comme on dit vulgairement, le froc aux orties, et, pour courir la carrière que semblait lui ouvrir son ambition, s'était fait laïque. Ce temps-là était cependant le bon temps pour les petits abbés; mais celui dont me parlait mon grand-père, pensant qu'une bonne tournure, relevée par un frac couleur pistache, et une jolie figure, pouvait obtenir autant de succès auprès des pécheresses indignes, que l'homélie et les saintes colères dans le tribunal de la pénitence; s'imaginant, en outre, que la vie civile le ferait jouir d'une indépendance qu'il n'aurait jamais obtenue dans la sainteté des devoirs canonicaux, se trouva une belle matinée, sans plan arrêté, sans espérances bien fondées, dans l'avenue du Cours-la-Reine, vêtu du frac couleur pistache, la brette au côté, le chapeau sous le bras, les pieds bien en dehors, et le col tendu, pour mieux assurer les jolies femmes de son attention.

Une aventure est ce qu'il y a de plus facile à rencontrer par qui la cherche, me disait encore mon grand-père ; car dans une grande réunion d'individus il est immanquable qu'il ne s'en rencontre placés là tout justement pour se duper les uns les autres.

Notre abbé en eut une avec une courtisane désœuvrée : il s'attribua le mérite d'une séduction, et crut sa fortune assurée. La courtisane ornait son esprit de tous les ouvrages scandaleux enfantés dans cette heureuse époque ; c'était celle de la régence ! le haut clergé s'y trou-

vait parodié, insulté, calomnié,
comme si les turpitudes du cardinal
Dubois eussent dû servir de type au
caractère sacré dont il prostituait si
indignement la majesté ! Notre aven-
turier, que mon grand-père appeloit,
je crois, l'abbé Fronchet, en lisant ces
ouvrages, y crut voir l'appendice
d'une publication importante émanée
de ses souvenirs du cloître. Il en avait,
disait-il, tant vu ! tant entendu ! La
renommée littéraire lui apparut avec
tous ses prestiges! Il écrivit tant bien
que mal, trouva (car que ne trouve-
t-on pas ici-bas) un libraire pour se
faire imprimer..., et huit jours après
la mise en vente, il soufflait dans
ses doigts dans une petite chambre

obscure de six pieds carrés, située dans l'ancien cloître Saint-Lazare.

Un gouvernement n'aime pas à nourrir à ses frais, même en prison, un homme sans importance. Fronchet fut mis en liberté.

Son entrée dans le monde avait été mal faite : guidé seulement par sa vanité, qui inspire les petites idées, les petits moyens et les petites choses, il se trouva bientôt sans appui, sans résolution et sans perspective. Son esprit stérile se complut dans d'absurdes rêveries; et comme les aventures qui composent la vie d'un mauvais sujet ont un grand attrait pour les gens de cette espèce, il songea à écrire sa vie. — Encore s'il avait eu la plume de Laclos ! — En réfléchissant sur la mise en ordre des chapitres, il reconnut que la matière n'était pas encore assez abondante, et remit à un autre temps la composition de cet ouvrage important, afin de remplir l'intervalle par quelques faits historiques, dans lesquels il n'avait pas encore songé à jouer un rôle. — Mon grand-père, après m'avoir raconté quelques-uns de ces faits qui sont sortis de ma mémoire, termina en me disant que Fronchet songeait sérieusement à entreprendre ses mémoires, lorsqu'il fut aperçu balançant mollement son corps, suspendu par le cou à la corde d'une potence.

A Dieu ne plaise que je fasse ici

aucune application! La hideuse histoire de l'abbé Fronchet ne se lie à celle de Martial que par les commencements qui signalèrent les mêmes erreurs. Je veux même, en vertu de l'intention qui animait mon grand-père lorsqu'il me la racontait, l'envoyer à ce jeune homme, assez à plaindre pour trouver dans une publicité malheureuse les ressources d'existence par lesquelles il perd la considération. Avant cela, lisons ses lettres.

« L'Éditeur, afin d'éviter le reproche d'avoir altéré les lettres de Martial-Marcet, a respecté jusqu'aux fautes de français que le lecteur pourra y remarquer.

LETTRES
DE
Martial à Julie.*

I.

Mademoiselle,

« Après avoir aimé M. Jules (1), pourriez-vous aimer quelqu'un qui vous aime sans le dire, et qui ne craint rien tant que de faire paraître ce qu'il sent, qui brusque, qui choque, qui semble tout détruire, et qui se désole de ne pas être mieux connu

(1) Jules était un jeune homme du rang de Julie, et qui la recherchait en mariage.

de vous. Il sait tous vos défauts ; il vous connaît, et vous trouve bien des qualités, mais vous ne connaissez pas les siennes. Après votre première passion, si vous avez encore la force de m'aimer, vous trouverez en moi un amour que rien n'égale, et une simplicité d'intention difficile à trouver ailleurs. Je me cacherai toujours de plus en plus, je sens que cela m'est nécessaire ; pour vous, si vous m'aimez, montrez-le moi comme vous savez que je le désire : Parlez sans détours, sans réserve, sans crainte. L'homme qui vous écrit est incapable de vous tromper ; mais vous, fille inconcevable, fuyez ces jeunes fats qui vous entourent, et ne cherchez à plaire qu'à celui qui vous aimera le plus. Brûlez ce billet et n'en parlez jamais. Quand je pourrai vous parler, je vous dirai ce que vous me demandiez hier, cela est assez important ; déchirez ou brûlez ce papier, ne le gardez pas un instant. »

II.

« Je vous aimais, mais je vois que vous ne m'aimez pas. Quand on aime, mademoiselle, on ne va pas plaire à tout le monde ; on ne va pas mendier tous les cœurs. Vous avez trop de détours pour moi qui n'en ai point pour vous. Ah ! fille inconcevable ! si vous m'aimiez, que vous seriez heureuse et que vous me mettriez à l'aise : dites-le moi, m'aimez-vous ? Mais songez-y, il faut que vous deveniez sage, que vous preniez soin de votre réputation, et que vous me fassiez le sacrifice de votre coquetterie coupable; encore quelques jours, et si je vous trouve la même, je m'en vais au loin me défaire d'un amour malheureux, et je vous laisserai sans pitié courir à votre destinée misérable. Déchirez ce billet, si ce n'est par amour, au moins par pitié pour moi, et si mon cœur, qui en vaut bien un autre, vous touche, cherchez à le mériter et à le connaître.

» Adieu, fille ingrate !.... Adieu ! »

III.

« Vous pouvez m'aimer , Mademoiselle ! A l'amour vous joignez encore l'estime, et vous m'élevez au-dessus des autres hommes ! Ah ! belle et sensible Julie ! je suis trop heureux , et je vous aimerais mille fois davantage si je le pouvais. Vous m'assurez que vous me ferez le sacrifice de votre coquetterie , que vous immolerez tout , que vous irez au bout de l'univers. Si je vous aime ...... si je vous aime ! ..... oh ! grand Dieu ! en doutez-vous ? Mes yeux, ma voix , mes gestes, mon air , mon silence, tout dans moi ne vous l'ont-ils pas dit? Si je vous aime, méchante! cinq mois de réserve et de muets soupirs en sont la preuve, et si je ne vous avais pas aimé, j'aurais fait comme les autres, je vous aurais flattée, j'aurais menti, ma bouche n'aurait parlé que de l'amour.

» Vous me sacrifierez Jules même!.. Jamais vous ne saurez ce que vous me faites sentir en m'apprenant cet acte généreux. Je me sens accablé sous le poids de mes sentiments, fille aimable! ménagez vos faveurs, cachez-moi une partie de ce que vous me réservez, je succomberais; mon ame n'est pas assez forte pour tant de bonheur. Oh! oui, puisque vous me l'assurez, vous serez mon épouse ; et le mot de maîtresse me choque trop pour entrer dans mon cœur ; je ne l'ai jamais prononcé qu'avec dédain, ou avec des intentions qui n'étaient pas celles des autres. Je ferai tout pour vous mériter, pour vous plaire, pour vous rendre heureuse, fille aimable ; je vous ferai adorer des mortels. Je suis vrai, et le mensonge ne m'est guère connu, je suis libre, soyez vraie ; aimez-moi, attachez-vous à moi seul. Oh Julie! soyez fidèle au cœur le plus sensible et le plus aimant.

» Prenez pour l'avenir un caractère ferme et sans détour. Que votre conduite actuelle me donne le garant de votre amitié, de votre cœur, de tout vous-même, et vous aurez assurément en moi un époux, un ami, un amant, un cœur vrai, sensible, généreux, un homme qui se plaira à vous orner et à vous faire admirer lors même que vous serez le plus dégoûtée des flatteries humaines.

» Julie, votre lettre est venu porter le trouble dans mon ame. Je me sens brûler, je ne croyais pas que je fusse né pour connaître des sentiments si beaux. Julie ! vous seriez la plus coupable des femmes, si vous trompiez l'homme le plus simple du monde, et qui n'en a jamais trompé aucune. Vous ne savez pas qui je suis, mais si vous m'abusiez !...... non, vous n'en êtes pas capable. Je vous crois trop bonne, trop sage, trop généreuse pour vous soupçonner d'un raffinement de duplicité qui ne peut entrer que dans des ames noires de crimes.

» Je me cachais avant de m'être fait connaître à vous; désormais, je me contraindrai davantage. Mes yeux mal assurés ne pourraient sans me trahir se reposer sur vous. Ne dites rien vous-même de ce que vous savez; si vous m'aimez, gardez un secret inviolable. Brûlez ou déchirez ces billets. Point de confidens étrangers. Encore un mois pénible de silence. Adieu, Julie, adieu. Ne soyez plus coquette, ni volage, ni rien de ce qu'on voudrait que vous fussiez, et apprenez-moi si vous m'aimez un peu ; vous rendrez mon ame tranquille. Soyez assurée de mon attachement extrême. Si je parus sentir pour Henriette ce que vous me reprochez avec tant de cruauté, méchante, c'était pour savoir si vous pouviez sentir quelque chose pour moi : voilà mon crime, et vous me le pardonnerez bien. »

IV.

Si je la haïssais, je ne la fuirais pas !
RACINE.

« Je ne veux plus souffrir, je me trompe, je dois dire que je ne veux plus me nourrir dans de vaines alarmes, et conserver un amour trop déçu. J'avais promis mon cœur; mais je l'avais promis trop tôt. Vous êtes trop ingrate, et je suis trop scrupuleux. Croyez-moi, ne comptez pas sur mon amour. Je ne peux pas, à la vérité, vous le retirer : je ne le pourrais point, quand bien même je le voudrais. Je m'efforcerai, s'il se peut, d'étouffer des sentiments qui me rendent malheureux. Je ne lèverai plus les yeux sur vous; je vous oublierai autant qu'il me sera possible. Peut-être que la raison et la prudence feront ce que votre légèreté et votre peu de franchise n'ont pu faire. Je m'éloignerai de vous; je hâterai mon voyage lointain, pour mettre assez d'espace entre vous et moi. Heureux, si le plus funeste et le plus violent amour ne me suit point malgré moi, et si je n'ai point la triste douleur d'avoir encore à repousser les plus tendres souvenirs! Je suis trop sérieux, trop liant, trop sévère, et véritablement trop fidèle ; et votre cœur est trop indiscret, trop volage, vos goûts trop peu conformes aux miens, votre caractère trop frivole et trop facile ; vous ne savez pas résister aux flatteurs, et moi je ne peux les souffrir. Vous ménagez trop les méchants : on dirait que vous voulez plaire à tout le monde. Mademoiselle, vous me rendriez le plus malheureux et le plus misérable des hommes.

J'aime mieux ne pas aimer, et même ne pas m'unir à l'unique personne qui m'avait su plaire; je me condamnerai plutôt à l'affreuse condition du célibat, plutôt que de contracter une union qui répandrait sur le reste de mes jours l'ennui, le dégoût, l'inquiétude, et toute sorte de maux pires que la mort.

» Rien ne m'échappe, et l'on ne me trompe jamais. Vous avez eu, même pendant que je vous ai déclaré la plus cruelle des passions, des manéges que vous m'avez cachés. Vous n'êtes pas, sans doute, assez rusée pour vous soustraire à ma funeste sagacité; mais vous êtes trop réservée et trop retenue pour moi. Fille ingrate!..... que je prenais tant de plaisir d'aimer!... Mais je ne veux faire ici aucun reproche, cela ne m'appartient point, et je ne crains rien tant que d'en faire.... Vous allez m'appeler parjure : je ne le suis point ; je vous jure même de n'aimer plus personne. Je voulais m'unir à vous, je m'efforçais de vous plaire ; et vous, vous, qu'avez-vous fait ? Parlez sans détour ? Avez-vous été sincère ? Pouvez-vous me présenter un cœur comme le mien ? Aviez-vous seulement quelque légère émotion pour moi ? Ah! si vous m'eussiez aimé, vous auriez agi bien différemment. Le véritable amour est au-dessus de tous les obstacles, et les plus grands défauts disparaissent devant lui. Je vous ennuie; c'est le dernier billet que ma main vous tracera. Je vous aime toujours, et je ne m'arrache à vous qu'avec toute la rage du désespoir.

» Malheureuse! vous en aurez quelque jour du remords ; mais il ne sera plus temps. Si je suis faible pour exiger un vil intérêt, je ne le suis point pour combattre des sentiments que je ne dois point avoir; et quand mon cœur est blessé, il est plus terrible que la mort. Puisque vous avez montré les autres billets, montrez encore celui-là. Mon cœur est pur, il est fidèle, il l'aurait été jusqu'à la fin, mais le vôtre!..... Oh! pourquoi vous ai-je jamais vue? »

V.

« Ne m'accablez pas de vos bontés, ô Julie! et laissez-moi goûter les douceurs d'une douce passion, sans me faire éprouver les transports du délire.

» Julie, vous m'aimez donc! vous me sacrifiez..... qui? grand Dieu!

» Non, vous ne saurez jamais ce que vous avez mis dans mon ame..... Vous m'avez séduit, captivé; vous m'avez ravi à moi-même.

» Vous m'enivrez trop tôt, méchante; vous savez que vous êtes maîtresse de mon cœur, et vous en profitez. Ah! Julie, Julie! laissez-moi tranquille, et ne me faites pas mourir; car je sens que je ne suis pas à l'épreuve de tant de délices. Modérez vos faveurs, et vous me rendriez malheureux en me prodiguant votre amour.

» J'ai respecté ce que vous m'avez immolé : moi, profaner ce que vous avez aimé! jamais, Julie! je le garde encore, et je le considère comme un garant de votre fidélité. Vous êtes faites pour moi, comme je suis fait pour vous. Fille aimable, jamais vous ne connaîtrez comment je vous aime ; mais faites-moi connaître encore comment vous m'aimez. Ce que vous avez fait hier vous place dans mon cœur sur un trône qu'envieraient les plus orgueilleuses et les plus indifférentes. Vous serez pour moi la plus belle, la plus sage, la plus aimable, la plus vertueuse des femmes ; vous serez mon Dieu, ma vie, mon tout.... Adieu, fille mille fois trop séduisante ; vous m'avez ôté la raison, et je sens qu'il faut que je finisse là ; ma folie me perdrait dans votre cœur.

» Déchirez tous ces billets, et cachez tous ces sentimens et tout ce qui se passe entre nous. Croyez-moi ; vous me connaissez assez, vous savez bien que je ne suis pas homme à tromper un honnête cœur, et surtout à mésuser de la facilité de vous voir et de vous parler. Mais il est des choses qu'il faut toujours tenir secrètes pour les faire réussir. Ma bonne et charmante amie, soyez sûre que je vous ai donné mon cœur ; et vous, soyez mon amie ; aimez-moi franchement, sans détour, sans partage ; ne cherchez à plaire qu'à celui qui aime aussi loyalement qu'on peut aimer; et puis tout s'accomplira selon nos souhaits, et peut-être plus que nous n'aurions espéré.

» Nous irons nous promener un de ces jours, et alors je vous dirai peut-être de vive voix ce que je veux que vous connaissiez pleinement. »

VI.

Lisez sans prévention, l'amour a tout écrit. Le cœur a quelquefois une humeur qui l'accable : il faut s'épancher pour devenir content. Pardonnez si quelque chose vous offense. Celui qui vous écrit ne veut que votre bien ; votre colère serait mon désespoir.

« Il faut que je vous ouvre mon cœur, mademoiselle ; il faut que je vous dise de secrètes douleurs qui me tuent. Je souffre, et pour mon malheur, je n'ose avouer la cause de mes maux. C'est vous, vous seule, vous que j'aime, et que je n'aurais jamais voulu connaître. Dites, parlez, fille inconcevable et légère, vous avez des soupçons sur mon attachement, vous doutez de mon cœur!.. ingrate ; si vous m'aimiez, auriez-vous ces sentiments? Je veux cependant vous avouer un doute qui me dévore moi-même. Ma chère amie, vous êtes un peu volage, vous l'avez été beaucoup, bien des gens ont voulu vous séduire. Tous les jours de rusés polissons tentent votre vertu et s'efforcent de ravir votre honneur ; il est bien difficile de ne pas céder quelque chose. Quand on est aimable comme vous l'êtes, on veut le faire connaître, et rarement on le fait impunément. Julie, mon adorable Julie! je vous adore, vous le savez, de toute mon ame, je ne vis qu'en vous et par vous, je me jette à vos pieds, et vous prie de me pardonner ce que les plus cruelles inquiétudes et les chagrins les plus dévorants me forcent de vous dire. Julie, soyez sincère, et songez que vous parlez à l'homme le plus franc, le plus indulgent. Julie, êtes-vous fidèle, et l'avez vous été à votre devoir?..... Tendre amie, ne trompez pas le seul homme qui vous aime, et qui vous aimerait malgré tous les reproches qu'on pourrait vous faire. Pourquoi vous cachez-vous à celui que vous appelez votre ami? Dites, fille que j'aime avec toutes les fureurs de l'amour et tous les doux penchants de l'amitié, vous sentez-vous la force d'être à jamais fidèle à votre époux ?...... Dieu ! pourriez - vous tromper le cœur le plus aimant, et l'homme qui ne trompa jamais personne ! Quel cœur auriez-vous, d'abuser un homme qui se prépare à faire votre destin heureux, et à vous faire passer une vie pleine de charmes et de plaisirs ? Quoi ! Julie, vous ne sentiriez point de remords de vous jouer du meilleur de vos amis, et du plus *sage des hommes ?* Non, je ne le crois pas, et je serais aussi le plus trompé de tous, si vous aviez un cœur si bas, et une ame si cruellement dépravée !... Non, non, vous ne me tromperez pas....... Dieu ! si mon espoir et mes désirs étaient frustrés, Julie !.... Eh bien ! Que vous ferais-je ? Rien.... Je vous aimerais avec des serremenls de cœur incroyables. Vous auriez réussi à faire un cœur aussi malheureux qu'il pourrait l'être. Vous m'auriez fait entrevoir l'image du plaisir et du bonheur, et vous m'auriez abreuvé de toute l'amertume du désespoir. Car, soyez-en bien pénétrée, on ne trompe pas aisément un cœur tel que le mien : et l'amour que je me sens pour vous est au-dessus de tous les subterfuges!.... Julie, je vous ai promis ma foi, mon cœur, ma main. Je l'ai juré : c'est le seul serment qui soit sorti de ma bouche, et je ne serai jamais parjure. Cette parole est plus sûre que tous les oracles, et ce serment plus solide que les plus solennels traités.

Mais vous, trop malheureux objet, qui séduisez mon ame, pourquoi ne me découvrez-vous pas votre ame entière ? Pourquoi craignez-vous tant la présence de ces adorateurs que vous m'aviez d'abord préférés ? Pourquoi retenez-vous vos caresses, vos sentiments, vos transports, vos secrets, votre cœur qui voudrait tant s'épancher ? Parlez ; vous savez assez qui je suis, ingrate, et vous n'en profitez que trop pour me jeter dans les troubles les plus mortels. Julie! Julie!..... vous me regardez donc comme un trompeur, puisque vous vous défiez tant de moi. Est-ce là aimer? L'amour connaît-il ces contraintes, ces défiances, ces agitations? Méchante, mes discours, mes caresses, mes désirs ont-ils passé les bornes du devoir, et vous ai-je montré des sentiments indignes de vous? Non; et cela ne m'arrivera jamais. Mais vous, vous qui vous plaisez toujours loin de moi.., Adieu, ô fille trop belle pour moi; pardonnez-moi tout; je suis hors de moi, et ce désordre est votre ouvrage! »

VII.

« Vous avoir soupçonnée, moi, divine Julie ! moi, douter un moment de votre tendresse !... Oh non ! et je me regarderais bien comme le plus coupable des hommes. Vous m'avez mal compris, et mes paroles seules seraient coupables; car, pour moi, je me sens trop emporté par vos charmes pour vous accuser. Je dois pourtant l'avouer, je crains de n'être guère aimé. Mon cœur s'est fait un tel besoin de ce doux sentiment, que les plus doux transports ne le contentent point. Vos aimables caresses, vos douces étreintes, me font goûter un bonheur sans mesure, et avec tout cela, je ne sais quoi me fait espérer un plus grand bonheur encore. Douce et belle Julie, ce matin vous m'avez rendu le plus heureux des hommes. Vous êtes depuis quelque temps la plus sage, la plus charmante, la plus aimable de toutes les femmes. Que je serais fortuné si, dans toutes ces intentions, il entrait quelque chose pour moi. Oh ! Julie ! dans tout le ciel, il n'y aurait pas de félicité comparable à la mienne. Tendre amie, jurez-moi que vous serez à moi seul pour toujours.... Pour moi, hélas ! je n'ai pas besoin de vous le jurer. Vous auriez beau m'ôter votre cœur, je ne pourrais vous aracher le mien. Méchante, vous le retenez par des chaînes que je ne pourrai jamais briser. Dites, ingrate, parlez : qu'avez-vous dans les yeux ? je ne peux les fixer sans qu'à l'instant je me sente blessé ; votre voix me pénètre et va chercher le fond de mon ame et la bouleverse à son gré. Votre toucher me fait frémir ; vos baisers me consument d'un feu qui dévore jusqu'à mes os. Il s'exhale de vous quelque chose qui m'émeut, me transporte, m'entraîne.... Syrène, fuyez, je ne peux vous résister! Jusqu'à présent insensible, fier, superbe de n'avoir point été vaincu par votre sexe dangereux, je me flattais de ne jamais l'être et de n'aimer que selon ma volonté... Pauvre insensé!.. Je vous vois, je suis votre esclave, je lutte long-temps contre mon propre cœur, je me débats dans les fers qui me lient, je triomphe, je cède, je combats encore et je finis par vous rendre les armes. Laissez-moi, fuyez, et mettez, si vous le pouvez, tout l'univers entre nous... Mais non, tendre

Julie, ma seule amie, vous que je voudrais appeler mon épouse, assurez-moi que je vous suis agréable, que vous m'aimez, et encouragez par vos douces caresses le plus timide des amants. Je vous supplie de faire le sacrifice du portrait commencé. Dans quelque temps je me ferai un plaisir extrême d'en charger une main plus habile, et de vous l'offrir avec tout ce que j'aurai. Oh ! ma fidèle amie, j'ai envie de me mettre à vos pieds et de vous demander pardon de tout ce que je vous dis et de tout ce que je vous fais. Je crois toujours que je vous offense, parce que je ne crains que cela. Mon cœur m'aveugle, et pour mon malheur je ne sais point lui résister. Adieu, que je souffre de ne pas vous voir, vous parler!... Adieu, je ne voudrais jamais vous quitter. Il me semble qu'on arrache la moitié de moi-même, quand vous vous séparez de moi. Oh! que vous êtes heureuse! vous ne sentez rien de tout cela. Méchante, petite méchante, aimable méchante, je ne vous en aimerai pas moins.

» Déchirez impitoyablement tous ces billets. »

VIII.

« Étrange fille, pourquoi tantôt m'accablez-vous de tout le poids de la félicité, et pourquoi me précipitez-vous dans l'abîme du désespoir ? Vos soupçons, vos doutes, vos inquiétudes m'assassinent autant qu'ils m'outragent ! O fille que j'adore et que j'aime, pourquoi ne m'aimez-vous pas assez pour sentir toute la force de mon attachement pour vous ? Je le vois bien, vous ne voulez pas de moi ; je ne vous flatte pas, et je n'ai pas ce qu'ont vos autres adorateurs ; mais pourtant, il faut bien l'avouer, et vous le saurez plus tard, ils n'ont pas un cœur comme le mien. Ils ne savaient pas vous apprécier comme moi. Ingrate ! avaient-ils seulement l'estime que j'ai pour vous ? Vous voyaient-ils aussi belle, aussi aimable, aussi charmante que je vous vois? Ont-ils les yeux que j'ai, pour découvrir en vous tant de charmes, tant de qualités, tant de perfection? Allez, vous n'êtes qu'une ingrate, vous ne m'avez jamais aimé. Vos doutes, vos prétendus respects ne sont que des prétextes pour me quitter et me donner la mort la plus cruelle. Qu'est-ce que la *noblesse?* Qu'est-ce qu'un *nom?* Que sont des *talents?* rien, ma douce Julie, rien. L'amour et la beauté, voilà les deux puissances de la terre, et tout leur est soumis. Que n'ai-je l'empire de tout l'univers, vous y seriez aussi vénérée et plus puissante que moi; vous seriez assise sur le trône, et je m'estimerais heureux d'être à vos pieds. O

Julie ! vous m'avez enchanté le cœur, vous m'avez fait le plus malheureux des hommes, et je me sens l'esclave de vos charmes. Vous vous vengez de cette fierté apparente que vous avez cru remarquer en moi. Ayez pitié de moi! Vous êtes assez vengée, depuis qu'un funeste amour s'est emparé de moi. Divine Julie, pardonnez-moi tout ce que je vous ai fait, oubliez le passé, ne me refusez point vos douces caresses, consolez un pauvre malheureux qui ne souffre que de vous et pour vous, et qui n'aurait pas été sitôt enivré de tant de charmes, s'il ne vous avait pas vue.

» Ma princesse, figurez-vous votre pauvre chevalier à vos genoux, vous disant ces paroles : Ma charmante amie, après avoir vainement combattu, je viens vous rendre les armes, vous avez vaincu. Je suis pour jamais votre captif. Régnez sur moi. Soyez l'arbitre souverain de tout moi-même, et daignez laisser tomber quelques regards pleins de tendresse sur votre esclave malheureux. Ce regard seul me fera oublier tous mes maux.

» Ma belle Julie, quoique je sois votre prisonnier, je veux vous imposer une punition. Comme vous m'avez offensé par vos doutes, il est juste que vous soyez punie, quoique vous soyez ma reine. Vous me direz, au premier moment : Mon aimable captif, sois mon ami, je t'aime, je te serai fidèle, et pour gage de ma foi, reçois ce doux baiser que jamais mortel n'a reçu que toi.

» Adieu, mon adorable; adieu ma belle, ma charmante amie; si je pouvais, je m'enfoncerais dans votre cœur pour y mourir de plaisir et d'amour.»

IX.

« Que je souffre, et que mes maux sont grands! Je suis dévoré d'un feu qui brûle nuit et jour. Je meurs, charmante amie, avec la triste amertume de vous laisser bien indifférente à mes malheurs. Oh! ma Julie, la seule amie que j'aurais voulu avoir, que je suis malheureux de vous avoir aimé! Je succombe sous le poids de mon amour, et mon cœur ne périt point, mais il est au milieu du plus affreux tourment. Mes yeux voudraient pleurer, et l'excès de mes chagrins a fermé mes paupières aux larmes; elles sont taries par le feu qui me consume. Je ne peux exhaler aucun soupir. Mon cœur m'échapperait au seul soupir que je laisserais échapper. Ah! ma Julie, ayez pitié d'un malheureux qui n'est coupable que d'avoir un cœur trop généreux et trop aimant. Est-ce un crime de vous aimer? Et n'est-ce pas au contraire un bonheur digne d'envie que celui de pouvoir vous adorer et de sentir ce que je sens. Je suis la proie de tous les feux de l'amour, mon adorable Julie ; daignez seulement m'accorder un soupir, le plus léger soupir de votre ame, et tous mes maux deviendront des plaisirs.

» Ah ! mon aimable méchante, vous m'avez reproché d'avoir ri de votre chute. Malheureuse, que j'aurais voulu que vous vissiez le fond de mon ame ! Comme j'aurais voulu baiser ces genoux qui souffraient ! Comme je me serais précipité pour vous relever, si des témoins importuns ne m'avaient retenu ! Ingrate, ces éclats que vous avez blamés étaient les cris du désespoir et le comble de la douleur. Une larme est venue jusque sur ma paupière, et la rougeur de l'amour affligé s'est peinte sur mon visage.

» Je vous expose mon ame tout entière. Mais vous, fille volage, fille inconstante, cœur de fer, ame sans vie, vous que j'idolâtre, vous, fille aimable autant que belle, vous avez des secrets, vous avez des détours que je ne conçois point ; vous êtes pire que les glaces du Nord ; vous me laissez dépérir, sans vous informer si, le cœur qui seul vous aime d'un amour pur et digne de vous, n'attend pas des consolations et du bonheur de celle qui le tue..... Pardonnez-moi, Julie, je me laisse emporter par mes douleurs. Adieu, mille fois ingrate Julie.

» Je reprends ma lettre, méchante, c'est pour moi que dimanche vous n'êtes pas allée vous promener. Encore un trait qui vient me percer ! Que vous êtes ingénieuse à me tourmenter et à tyranniser mon pauvre cœur.

» Mais quoi ! vous n'êtes point venue me trouver un seul instant. Douce Julie, vous savez pourtant que c'est le seul bonheur que vous me procurez. Je vais prendre un repos qui me sera bien pénible, puisque je n'ai pu vous embrasser à mon aise et savourer le plaisir de vous aimer. Allez, cruelle, belle inhumaine, rudaguière beauté, dormez bien tranquillement, tandis que votre ami, votre esclave, celui qui veut être votre époux, votre tout, votre Dieu, ne pourra trouver un sommeil que vous éloignez par vos charmes séducteurs.

» Venez, ma redoutable et divine princesse, venez, je veux, loyal et vaillant chevalier, vous faire, à genoux, ma déclaration. Je vous jurerai par tout ce qu'il y a de sacré et de juste, que je serai votre heureux époux et vous me jurerez par tout ce qu'il y a d'aimable et de beau, que vous serez ma fidèle et tendre épouse, et que vous m'aimerez comme la plus sensible amante. Serment aimable, mais redoutable quand on n'y est pas fidèle. Rendez-moi le plus heureux des hommes, Julie ! c'est en votre pouvoir. Ne vous contraignez point avec moi. Soyez bonne, confiante, volage même avec le plus sensible des amis. Considérez-moi comme votre époux, comme vous-même. C'est à un homme que rien ne rebute et n'étonne que vous parlerez, et de plus, vous trouverez un ami qui sera, plus que vous ne pensez, conforme à toutes vos inclinations. Ah ! ma Julie, voyez ma sincérité, et cet abandon franc et sans gêne avec lequel je me livre à vous. Tout cela vous dit assez que je ne suis pas trompeur, tout cela vous dit assez que je vous aime...... En douteriez-vous, téméraire !..... Si je le croyais..... Commandez, que voulez-vous que je fasse? J'irais brûler le ciel et éteindre les enfers, si vous le vouliez....

» Il est minuit passé. Mon œil n'est plus ouvert pour le sommeil. Le repos a fui loin de moi depuis que je vous ai aimée. Ma princesse,..adieu. Je sens que mon œil ne serait pas sec. Une larme !... Dieu !... que l'amour est terrible! Ah! que vous êtes heureuse de ne pas aimer! Dieu des cœurs aimans, quand vous voudrez punir mon adorable Julie, inspirez-lui tous les sentimens qui m'agitent. Je vais m'endormir dans cette pensée, tout plein de votre charmante image. Quel sommeil! et quel réveil! La nuit je n'ai que des songes. Le jour ma Julie me fuit.

» Ah ! que je suis malheureux!.... Adieu, charmante amie, adieu, cruelle amante! adieu, mon infidèle épouse !.... Je colle, en esprit, mes lèvres sur vos joues de rose......

» Vous me supprimez vos caresses, vos lettres. Tigre, ôtez-moi la vie, vous seriez douce au moins une fois. »

X.

« Quelle soirée, Julie! quelle nuit! quels tourmens! crainte, soupçons, alarmes, doutes, tous les sentimens les plus pénibles ont dechiré mon ame, tandis qu'un sommeil tranquille vous laissait ignorer le malheur d'un homme qui aime peut-être sans retour. Vous ne m'aimez point; il y a dans vous des secrets que je ne peux point pénétrer; vos yeux languissans vous ont trahi quelquefois. Vous avez promis votre cœur à quelqu'autre qu'à moi ; vous n'avez qu'une faible estime pour celui qui vous a donné tous ses sentimens. Ah ! Julie ! ah ! vous qui m'avez séduit d'une manière si cruelle, croyez-vous que votre estime puisse contenter mon cœur ? Pensez-vous qu'avec tous les feux de l'amour, un homme comme moi puisse vivre heureux sans votre cœur ? Julie, sans votre amour, pensez-vous que je sois satisfait? Ah! voyez-moi à vos genoux; considérez l'homme qui fut le plus aimant et le meilleur peut-être, qui brûle pour vous de feux inconnus à tous ceux qui vous parlent et qui vous trompent, qui ne songe qu'à faire votre bonheur, et qui serait bien malheureux s'il ne pouvait le faire; Julie! ma chère Julie, mon aimable Julie, ayez-en pitié, et sans vous rendre plus coupable, dites-lui si vous ne l'aimez pas. Ce soupçon vous outrage, mon amie; pardonnez-le moi, je n'aurais point de doute si je ne vous aimais pas, et, croyez-moi, ce doute est trop déchirant, j'y succombe, si vous ne vous hâtez point de le lever. Si vous m'aimez véritablement, je serai assez puni par moi-même ; si vous ne m'aimez pas, avouez-le, mon cœur tombera dans une mort effroyable, mais au moins ne sera-t-il pas la victime malheureuse d'un amour trompé.

» Je suis injuste peut-être de vous accuser sitôt. Ah ! Julie, c'est malgré moi, je cède aux transports violents d'une passion qui me tyrannise.

» Je souffre des maux qui me tuent : un poison funeste m'agite et me rend furieux. Un excès de douleur me fait surmonter mon timide naturel. Laissez-vous attendrir, Julie, et dites-moi la vérité.

» M'aimez-vous ?....... Dieu ! que cette question me fait souffrir ! que je paie bien cher le plaisir de vous avoir vue ! que je suis bien puni de vous avoir déclaré mes sentimens ! que vous êtes heureuse de ne pas sentir ce que je souffre ! ingrate, que n'êtes-vous capable de lire dans ce cœur que vous vous plaisez à déchirer !.... Peut-être seriez-vous un peu attendrie ? Adieu, fille coupable, oui, vous êtes coupable ; vous avez troublé l'ame de l'homme qui n'a jamais troublé celle d'autrui.

» Ma Julie, l'état où je suis est inconcevable : votre absence me met dans les alarmes, votre présence m'accable de mille sentimens divers ; je souffre quand je ne vous vois pas. Je suis malheureux quand je vous vois ;

vous m'avez ôté la tranquillité, le sommeil, la raison, mon cœur! Julie, rendez-moi tout cela, puisque vous ne m'aimez pas. Adieu, adieu, ma bonne amie, je suis à plaindre, et vous ne le comprenez pas. C'est pour la première fois que j'aime une femme. Ah Julie!....... réfléchissez un peu ; dans l'excès de ma douleur, la passion raisonne encore, je suis dévoré du plus cruel amour ; mon cœur demande la *possession entière* du terrible objet qui me tyrannise, est-il injuste ? Parlez, ma bonne et charmante Julie, parlez, je vous en fais l'arbitre. Déchirez de suite ce papier. »

XI.

« Ma chère amie, je me repose entièrement sur vous, je vous estime trop pour être jaloux, et mon amour est trop sincère pour douter de votre attachement. Je dépose dans votre cœur ma destinée entière, songez à ce que je vous dis, ma chère Julie, vous êtes dès ce moment l'arbitre absolu de mon bonheur ou de mon malheur. Je compte sur vos promesses, comptez sur les miennes; et je prévois que tout ira mieux que vous n'osez l'espérer. Oui, oui, ma belle amie, ma fidèle et tendre Julie, il ne sera pas dit que vous m'aurez captivé sans succès, et que j'aurai aimé en vain ; je vous jure que, quant à moi, vous serez mon épouse, et que s'il est des obstacles, il ne viendront pas de mon côté. Oh ! Julie, seule femme qui ait su me plaire et dompter mon cœur, je ne crains qu'une chose, c'est que vous n'ayez pas confiance en moi, que ma prétendue jalousie vous ait refroidie, et que vous ne m'aimiez pas comme vous m'aimiez il y a un mois. Je vous conjure, ô ma belle amie, pour votre bonheur, pour votre repos, pour le mien, pour tous vos intérêts, de ne pas m'abandonner, de me traiter comme votre petit époux. Non, Julie, vous auriez beau chercher, nulle part vous ne trouverez un autre cœur comme le mien ; il est fait pour le vôtre. J'ai eu des torts, je le sais ; je vous ai attristée par mes injustes alarmes, mais vous savez bien pardonner ; douce Julie ! la bonté est faite pour votre ame ; ô mon amie, rendez-moi ma Julie, belle, aimable, charmante, folâtre, et faite pour rendre heureux un homme aimant. Rendez-moi ma Julie, telle que je l'avais il y a quelques jours, alors je serai heureux, je vivrai content ; car il est en votre pouvoir, fille cent fois trop belle, de laisser ou d'ôter le calme dans mon ame. Adieu, la plus aimable des filles et le plus doux des cœurs, adieu !

» M. M. de la R. A. »

XII.

A l'aspect du moindre nuage,
Je tremblerai pour ton destin :
Je craindrai toujours quelque orage,
Même au milieu d'un jour serein.

« Vous m'avez donné le coup de la mort, mon aimable amie. Je n'étais point préparé contre le coup que vous m'avez porté. Julie, vous avez des torts, je vous les pardonne. En vous quittant, je ne veux emporter de vous que mon amour, ma tendresse, et un regret bien amer de ne plus vous voir.

» Vous m'avez accusé chez madame Chap.... de jalousie : c'est une indiscrétion et une malhonnêteté coupable. Je vous pardonne encore. On m'a reproché dans votre maison d'avoir sacrifié l'amitié à l'amour ; j'ai vu qu'on voulait par là vous accabler de tout le malheur qui va bientôt peser ici, mais je vous prends à témoin.

» Vous m'avez traité comme un *valet d'écurie ;* vous n'avez depuis longtemps que des paroles dures pour moi, vous n'avez eu nulle confiance, et tandis que je vous croyais réservée dans vos propos, de malheureuses indiscrétions m'ont appris que vous étiez aussi femme que les autres. Vous recevez des lettres de M. Chap...; (1) vous semblez exciter en lui une aveugle passion, et vous ne m'en

---
(1) Emile.

dites rien ; tout cela je vous le pardonne.

» Vous m'apprenez, en me relisant une lettre que je vous ai écrite moi-même, que vous ne serez mon épouse que lorsque les poules auront des dents... Adieu, Julie, adieu, ingrate!...... la plume me tombe des mains!.... Ah! quand on aime, on ne parle pas ainsi. Je vous aime et vous aimerai toujours; je vous regretterai; mais vous me regretterez, soyez en certaine : vous vous confiez un peu sur votre beauté, nous verrons ce qu'elle vous procurera, et nous verrons quel mari elle vous donnera. Ah! Julie!.... vous avez jeté le désespoir et la mort dans mon ame.

Pardonnez un malheureux qu'une funeste passion dévore, et qui a juré de ne plus vous voir. Adieu, je vous prie de me laisser vos cheveux et vos lettres, c'est la dernière grâce que je vous demande; je les ai plus d'une fois couverts de mes baisers et mouillés de mes larmes; désormais...... O fatalité déplorable! qui de nous aurait prévu un si triste dénouement! Je vous aime, et je vous regrette, mais je ne vous verrai plus. Je vous défends, mademoiselle, de parler à madame Chap.... des affaires qui me regardent ; vous êtes étrangère à tout cela, et je sais ce que j'ai à faire; j'ai lu votre lettre au quai Voltaire. Ah! Julie, que vous écriviez bien différemment à votre Jules : mais je ne me plains pas, je sais bien que je n'aimerai pas une seconde fois, mais au moins je me garderai de mentir.

J'entrai hier à onze heures du soir; Chap.... fils était avec votre mère, et à mon arrivée on s'est tu. On m'a demandé si je vous avais vue hier; je n'ai rien dit, mais j'ai demandé ce qu'il y avait à craindre si je vous avais vue. Elle ne sera ni ma maîtresse, ni ma femme; un pareil homme n'est guères dangereux ; voilà ma réponse.

» Je vous avais fait des sermens, ils étaient sincères; je voulais être votre époux, il ne tenait qu'à vous. Vous n'avez ajouté aucune foi à ce que je vous disais, c'est me prouver assez que vous n'aviez pas grand amour pour moi. Plaisant personnage qu'à votre compte j'aurais fait près de vous! Vous prétendez que je me jouais de vous? eh! que vous ai-je demandé? quels discours ai-je tenus? Quelle faveur ai-je exigée? Ne me suis-je pas bien déclaré, en vous disant franchement que vous ne seriez jamais ma maîtresse...... Non, non, vous ne le serez jamais.... Je ne vous verrai plus, c'est vous, oui Julie, oui, vous qui m'avez troublé jusqu'au fond de l'ame, oui, ingrate; c'est vous qui m'avez condamné à ne plus vous revoir. Adieu, je vous aime, mais je fais le serment de ne plus aimer, et de ne regarder aucune femme. Elles sont toutes fausses, elles n'ont ni sentiment, ni amitié, ni cœur..... Ah! Julie, vous m'avez rendu méchant; Julie! Julie! que j'ai payé cher le fatal plaisir de vous connaître! Adieu, ma Julie!

» Adieu, mon aimable amie :... je ne vous verrai plus! je finis..; je sens que mes yeux se remplissent de larmes. Il faut que je sois homme une fois en ma vie. Ah! Julie.

» Adieu, votre véritable ami,

» M. M. de la R. A. »

XIII.

« Vous l'avez voulu, Julie, il faut donc que je vous écrive, après m'avoir traité comme le dernier des hommes et m'avoir rendu le plus triste. Méchante ! vous n'avez point encore appris à me connaître, et vous ne savez pas vous conduire envers moi. N'importe, je suis vrai, je vous aime, il faut que je cède. O trop impérieuse Julie, pourquoi faut-il que l'amour soit toujours suivi de tant de faiblesse ? Dites, ma bonne amie, comment se peut-il que vous ayez eu le courage de vous venger d'un ami tel que moi ? La vengeance dans le cœur de Julie!... La vengeance!... Ne me suis-je point trompé? mais quoi! vos yeux, votre voix, votre air, vos gestes, tout dans vous annonçait la colère. Ah! ma chère enfant, réservez cela pour d'autres que moi, je ne soutiendrais pas un seul de vos regards en courroux, et je fuirais à l'autre bout du monde.

»Je vous adore, non pas comme le reste des hommes, *je ne sais pas vivre comme eux,* vous devez le savoir. Je vous blâme, je vous reprends, je vous corrige, et cela même doit vous convaincre de la vérité de mes sentimens; on ne flatte que ce que l'on méprise, on ne ment point à ce que l'on aime ; tout le monde a des défauts; vous, beauté dont je suis l'esclave, vous, ma Julie, que j'irais suivre au delà de l'univers, vous avez vos défauts; qui doit vous les reprocher? N'est-ce pas votre ami? N'est-ce pas celui que vous chérissez? N'est-ce pas l'homme qui doit pour jamais vivre avec vous ? Mon enfant, dussé-je vous déplaire, je veux vous donner un avis. Si vous m'aimez véritablement, il faut recevoir avec soumission les conseils que l'on vous donne, et faire l'aveu de tous vos torts; vous savez assez que mon intention n'est pas de vous contrarier, encore moins de vous offenser; non, Julie, votre ami ne vous contrariera, ne vous offensera jamais; mais il vous estimera assez, il vous aimera assez pour vous dire tout ce qu'il pense de vous.

» Oh ! ma Julie, vous pouvez me rendre heureux, et vous serez toujours heureuse avec moi ; mais il faut, comme vous le savez, savoir garder bien des mesures, et se tenir dans l'étroite sphère de ses devoirs.

» Quoi ! j'y pense quelquefois avec transport : je me représente dans ce petit ermitage, au milieu des Champs-Élysées, vous et votre ami, tranquilles, heureux, unis par les plus doux liens et guidés par les mêmes sentimens, jouissant de tous les agrémens, et se communiquant sans réserve tous les plus doux plaisirs, sans chagrins, sans inquiétude, sans désordre, sans jalousie, sans partage, toujours aimant, toujours fidèles, trouvant chaque jour des charmes nouveaux, et renouvelant sans cesse notre bonheur. O Julie, ô Julie, déjà ces rêves de bonheur me poursuivent, me transportent, m'émeuvent! quoi donc ces rêves? Mais vous pouvez les réaliser, tout dépend de vous; oui, Julie, je demande un cœur capable de m'aimer, mais vous m'aimez, je ne peux pas en douter. Oh! ma tendre et douce amie, nous serons donc heureux ! nous vivrons ensemble, paisibles, contens, liés par le plus fidèle amour, je pourrai dire : je goûte la félicité, j'ai une amie, mon cœur enfin trouve la fidélité et la bonne foi sur la terre. »

» Non, mon aimable amie, non, vous ne trouverez pas un cœur comme le mien. Mais de grâce, ne me montrez pas de la colère, la colère ne vous convient point. Vos yeux ne sont poin faits pour l'indignation, et ce n'est qu'une modeste rougeur qui doit pa raître sur votre front. Vous m'avez accablé de tout le poids de la tristesse et du remords. Ah! vous le savez bien, mauvaise, qu'un seul de vos regards peut jeter dans mon ame la douleur la plus amère, ou y répandre le plus doux plaisir. Je pouvais avoir tort, mais vous savez bien que je n'étais pas coupable. Vous me devez une réparation, et je l'exige par tout ce qu'il y a de juste, d'aimable et de tendre en amour. Vous devez vous avouer coupable envers votre chevalier. Ah! qu'il aurait voulu se mettre à vos genoux pour vous adoucir, cruelle ; mais ce léger contentement ne lui était pas permis, vous l'évitiez toujours, et continuellement vous vous dérobiez à sa présence. Allez, vous n'aimâtes jamais!...... Non, je ne voulais pas dire cela. Adieu, méchante, adieu mon aimable Julie! adieu, cœur impitoyable, adieu mon adorable Julie! adieu plus barbare qu'un tigre! adieu, ma douce, ma bonne, ma tendre, ma divine, mon incomparable Julie! Si vous ne m'aimez pas, vous êtes la plus méchante des femmes. Si vous m'aimez, vous êtes..... Quoi!..... il n'y a rien sur la terre qu'on puisse vous comparer ; pauvre fou que je suis! tel est mon malheureux destin, de poursuivre toujours des chimères; pour mon malheur, j'ai laissé entrer l'amour dans mon cœur, je le cherche dans quelque objet qui me charme. Chimère! chimère!....L'amour est un petit enfant très contrariant, il aime à se loger partout où on ne l'aime pas; s'il possède une jeune beauté, cette jeune beauté n'est jamais payée de retour. Pauvre jeune homme! fuis, crois-moi, l'amour est plein de caprices, tandis qu'il te consume et qu'il ne te laisse aucun repos, il t'éloigne de tous les cœurs qui t'aiment, pour te livrer a des cœurs qui ne t'aiment pas. Adieu, aimable enfant! je répare au moins mes fautes : j'avais écrit la lettre qui vous a offensée à minuit et demi, j'écris celle-ci à une heure. O charmes de l'amour! ô pouvoir de ma Julie! Adieu; je ne vous fais point de baisers ; c'est vous qui devez les faire pour réparer vos torts.... Mon aimable amie, je vous souhaite une bonne nuit, et le *seigneur*, tout *seigneur* qu'il est, est bien sûr de ne pas trop dormir. A propos, ce monsieur que je vous ai conduit hier, m'a remis en tête de partir au Puy; il est fort possible que j'aille y passer quinze jours : en serez vous? »

» Votre très humble et très soumis serviteur,

» Marcet de la Roche-Arnaud. »

« Je n'ai jamais dit à personne *votre très humble et très soumis serviteur;* orgueilleuse ! voyez ce que vous faites de moi. »

XIV.

« Ma chère amie, je vois que les affaires de votre maison prennent une mauvaise tournure ; moi, je pense à mon avenir, et j'ai appris à mes dépens à n'être plus aussi obligeant que je l'ai été. Si je pouvais tirer de la peine votre famille, je le ferais du meilleur cœur, mais cela est impossible, il lui faudrait tout l'or du monde. Je prévois que votre mère m'en voudra beaucoup. Je la connais: elle a beau être fausse, je lis dans son ame. En revenant de chez madame Chap...., elle m'a fait une mine du diable. Je comprends bien pourquoi. Raisonnons, ma bonne amie ; votre mère ne vous aime pas beaucoup; elle a bien des choses contre moi dans le fond de son cœur. Vous dites que vous m'aimez, nous le verrons; mais j'exige que vous m'écriviez comment vous me le montrerez dans l'occasion. Julie ! Julie ! les orages vont bientôt paraître ; le 15 de ce mois, il faut compter beaucoup d'argent, et tout manque. Moi, je cherche un logement, et je vais bientôt sortir de chez vous.

» Ma bonne amie, vous pouvez et vous devez même vous expliquer sans crainte; je veux savoir votre pensée, et je ne veux pas être dans l'incertitude. Que ferez-vous, pour me prouver que vous m'aimez? Je vous prie de me répondre. Tout ceci n'est plus un amusement.

» Vous le savez assez, vous ne serez jamais ma maîtresse; je crois que vous ne pouvez pas être une bonne maîtresse, mais je crois que vous serez une bonne épouse. Je souhaite et je veux que vous soyez ma femme; voyez si vous voulez l'être; cela dépend de vous ; vous savez à quel prix : je ne demande que de l'amitié, de la sagesse, de la convenance et de la fidélité. De quoi êtes-vous capable pour prouver votre amour pour moi? répondez. Je ne vous demande rien que cette réponse franche, sans détour, sans équivoque, et telle qu'une honnête femme doit la faire à l'honnête homme qui se prépare à l'épouser. Quand vous me l'aurez dit, et que je comprendrai que vous m'aurez parlé du fond du cœur, je vous parlerai aussi à cœur ouvert. Le temps presse, répondez aussitôt que la lettre sera reçue. Adieu ! ma bonne amie, votre mère ne vivrait pas long-temps en paix avec moi. Il y a une fausseté abominable dans toute cette maison, et c'est un enfer pour moi que les lieux où il n'y a pas de confiance. »

XV.

« Mademoiselle, mademoiselle, lui dit-il avec un sourire forcé, j'ouvre en effet les yeux et je vous trouve bien moins novice que je me l'étais figuré.... Cela est tiré du roman de Manon : voici qui est tiré du mien ».

» La plus triste fatalité me précipita dans l'amour. J'aimai, mais non tel que les hommes aiment. Tous les feux d'un cœur sensible s'allumèrent dans moi et me dévorèrent sans me laisser un moment de repos. Pour mon malheur, je ne trouvai jamais de retour : triste jouet de mes amis, le sort veut encore me faire la victime des femmes. Une extrême sensibilité me fait un besoin d'être aimé, et tout me paie d'ingratitude. Quand je suis tout de feu, je vois tout de glace. Je ne rencontre qu'injustice, qu'insouciance, que froideur, que fausseté, où je devrais trouver l'amitié la plus pure, et l'attachement le plus durable. Si du moins je pouvais être indifférent, volage, sans constance ; mais je semble être fait pour servir de modèle aux cœurs toujours justes et toujours malheureux. O vertu ! quelle est ton utilité ? O fidélité ! où est ta récompense ? O vie

humaine ! où est ton bonheur ?......
Tendre et malheureuse fille !... Vous
que j'appelais ma douce amie !.....
que j'adorais ,... que j'idolâtrais ,...
dont le nom seul faisait bouillonner
tout mon sang ,... dont j'entraînais
partout l'image avec moi ,.... dont le
souvenir me poursuivait la nuit et le
jour, et que je verrai encore au moment de la mort ,.... fille aimable!..
parle, mais sans détour ; dis, aimas-tu
jamais un malheureux jeune homme à
qui tu as ôté la raison ? dis ; mais
garde-toi de mentir, car mentir à
son ami, c'est mentir à toute la nature ; parle, ton cœur lui a-t-il été
fidèle, après lui avoir fait serment de
l'être ? l'as-tu aimé ? ne lui as-tu ja-

mais préféré d'autres amants ? ne lui as-tu point prodigué des caresses impures ? O amour ! ô fatale destinée ! ô tendresse trop peu estimée chez les hommes !... Non, non, la vraie amitié est une chimère ; cessons d'aimer !... Cesser d'aimer ?... malheureux ! c'est cesser de vivre. Eh bien ! il faut mourir. N'est-ce pas mourir de mille morts cruelles que de vivre sans être aimé ? Ah ! je faisais mes délices de l'amour. Un jour, oui, un jour, fille coupable, pour votre tourment, vous vous rappellerez la mémoire d'un infortuné qui n'existait que pour partager avec vous les charmes et les agréments de la vie, et qui cesse de vivre dès le moment qu'il s'éloigne de vous. Si pourtant... Non, rien ne peut plus animer mon cœur. Non, fuis, sexe trompeur et léger ; fuis, tu ne peux avoir des remèdes contre mes maux. Rien ne peut remplacer mon amie ; sa place sera éternellement vide. Adieu, fille incomparable. Adieu, mon aimable amie ! adieu, tendre objet pour lequel j'ai pleuré tant de fois, et pour lequel j'ai sacrifié le repos de mes jours ! Adieu, puissiez-vous être heureuse ; pour moi, je vais chercher le bonheur dans l'indifférence et dans l'insensibilité. Ah ! ma douce amie, tu n'auras pas un autre cœur comme le mien ; il ne s'en trouve pas tous les jours comme celui-là. Tu le regretteras, mais il ne sera plus. Il ne vivait que par l'amour, il s'est enfui avec l'amour pour ne plus revenir...

» Ainsi parlait ce malheureux jeune homme, croyant n'avoir d'autres témoins de ses tristes plaintes que la nuit, les eaux de la Dwina, les arbres, les oiseaux qui faisaient entendre leur voix nocturne, lorsque tout à coup son amante éplorée se jette entre ses bras et cherche à le délivrer de son aveugle désespoir... Adolphe, à cette vue, s'écrie d'une voix terrible... Fuyez! ne troublez plus ma solitude, perfide !... A ces mots, il allait se livrer à une fureur coupable, mais il se retint, jura de ne plus paraître devant les yeux de son amante, et s'enfuit à pas précipités, en se tournant toutefois vers cette fille éplorée, qui lui tendait les bras sans pouvoir le fléchir »....

(Extrait du livre : *Adolphe ; ou le jeune lévite persécuté ;* par M. de la Roche-Arnaud).

« Bien des gens prendront cela pour des choses romanesques ; moi qui n'ai point rempli ma tête des songes creux des romans, je n'y vois que l'histoire d'un cœur sensible toujours rebuté, toujours outragé, toujours déchiré par celle qu'il aimait. Cette histoire est celle de bien des cœurs que je connais, et principalement d'un. Depuis que la coquetterie et l'infidélité, choses très naturelles aux femmes de Paris, sont devenues à la mode, on appelle romanesque tout ce qui tient à l'amour et au sentiment exquis de la sensibilité. Eh bien ! quoique je n'aime pas les romans, je déclare que je serai toujours romanesque comme cela.

» Ce papier est vieux, mais réfléchissez sur tout ce qui n'est pas effacé ; j'ai voulu que vous le vissiez, adieu. „

XVI.

« Ma Julie !... Ce nom seul, en l'écrivant, me fait pleurer. Il faut donc vous perdre... Ah ! je ne l'ai pas mérité. Non, mon amie, vous m'aimerez encore. Je péris ; je n'ai plus de raison, je souffre, je n'entends plus ; on me parle, je ne réponds rien ; je verse des pleurs, je ris de désespoir, je tressaille de rage, des transports de colère m'animent, je suis abattu, morne, triste et affaissé sous le poids de la mélancolie... Julie, ma chère Julie, ô le meilleur de tous les cœurs, j'ai tort... Hélas ! vous ne me pardonnerez jamais... Adieu, Julie ! on va m'entraîner loin de Paris !.... Je ne trouverai jamais une autre Julie ! Jamais je ne versai tant de larmes que depuis ces trois jours ; je ne me croyais pas fait pour un si grand malheur, je sens que les larmes me soulagent : il faut bien que l'amour soit plus fort que la mort, puisque je ne meurs pas de ce que je souffre ; je n'espère plus de bonheur, je l'ai perdu avec ma Julie, ma Julie ! ma Julie ! Il n'y avait qu'elle qui contentât mon cœur ; j'étais bien digne de pardon !.. Adieu, le seul objet que j'aie aimé, adieu ! Je t'aimai comme une divinité, je t'aimerai comme le plus aimable cœur... Je ne sais plus ce que je dis ; adieu..... oh ! Julie, si vous pouviez me voir, vous auriez pitié de moi !.. Mais adieu... quoique vous me haïssiez... Me haïr !... non, ma Julie, vous n'en êtes point capable ! Oh ! vous qui faites mon destin, fille aimable, je ne vous demande qu'une seule grâce ; si ce billet vous parvient, songez qu'il a été mouillé de mes larmes, et que c'est pour vous seule que je les ai versées ; dites à ce papier insensible : Va, je ne te hais point !.. pauvre jeune homme, tu méritais d'être aimé !... Ton cœur, tes sentiments, tes goûts, tes penchants, tout en toi était généreux et touchant.

» Oh! ma Julie, je me jette à vos pieds!.... Julie! Julie!..... est-il vrai que vous ne serez point à moi? Vous verrai-je dans les bras d'un autre?... Cette pensée m'ôte la vie...

» Mon aimable Julie, que j'appelais mon épouse, et qui me donnait le nom de son époux, puisque vous ne voulez point être à moi, je fais le serment de n'être point à d'autres. Je serai seul malheureux; mais je vous forcerai par mes vertus et par toute sorte de mérite de me rapporter un cœur que vous voulez m'ôter. Je vais travailler à me rendre digne de vous; Julie! je vais faire des prodiges, et ce sera toujours pour moi une consolation d'avoir travaillé à mériter l'amour de ma plus chère amie, de ma Julie. Quand on a perdu Julie, on ne peut plus être heureux. Adieu! je n'ose plus vous appeler ma Julie, mon amie, ma tendre épouse!.. Fille unique, vous me connaîtrez plus tard.

» Il ne sera plus temps, peut-être, de me rappeler à la vie. Avant que je revoie mes montagnes, si du moins je pouvais vous revoir une fois, et vous demander pardon. Je n'ose l'espérer, vous avez juré de me perdre. Ah! ma bonne Julie, j'ai juré de n'aimer que vous, même sans espoir, sans retour, sans vous le redire une seconde fois...

» Si du moins je pouvais aimer comme les autres hommes. Non, non, je ne peux aimer que vous, et je n'aimerai personne que vous.

» J'ose vous donner mon adresse : A M. Pic..., pour remettre à M. Marcet de la Roche-Arnaud, place Cambray, hôtel Cambrai, Paris... Bonne Julie, si ce billet, écrit dans un moment de la plus grande douleur, peut parvenir sous vos yeux, je serai heureux, et je ne m'en irai pas tout-à-fait désespéré.

» On va vous sacrifier, n'en doutez pas. Vous serez toujours accusée d'avoir été l'auteur des maux qui vont bientôt arriver. On ne vous en dit rien encore, mais lorsque tout sera consommé, ô ma chère Julie, que d'outrages, que d'injustices, que de mauvais traitements, que de dégoûts vous recevrez! que je vous plains d'avance! Penserez-vous à un malheureux qui vous adore et qui n'est malheureux que pour vous? Julie, ne m'accablerez-vous pas vous-même? Oh! non, vous n'en auriez jamais le courage, je vous connais, et je suis sûr de votre cœur.

» O bonheur! tu n'étais pas fait pour moi! Mon amie, je sors de ce lit qui fut témoin de votre paisible sommeil, où vous me promettiez tant de félicité, où ce baiser que je n'oublierai de ma vie, vint faire tressaillir tous mes sens, où..... Souvenez-vous de cette nuit heureuse!..... Souvenez-vous de vos caresses, de vos serments, de votre bon cœur. Oh! mon adorable amie, vous disiez que vous étiez faite pour moi, et cela est vrai; on vous trompe quand on vous dit que je suis méchant. Vous me connaissez mieux que personne ; vous m'aimez, je vous aime ; nous serions deux parfaits époux, j'en ai la volonté et le pouvoir. O Julie! ô mon amie! ô vous que j'aime avec tous les transports de l'amour! ne fuyez pas le bonheur, et ne rendez pas votre ami le plus malheureux des hommes.

» Ah! de grâce, dites-moi l'adresse de la mère Godet. J'irai la voir, lui parler, l'attendrir ; je lui dirai tout, elle vous parlera, vous attendrira, et le bonheur reviendra pour nous deux.

» Votre seul ami,

» De la Roche-Arnaud. »

« Je ne sais pas encore mon adresse, je vous la dirai plus tard, si je le peux. J'abandonne presque au hasard le sort de cette lettre ; quoi qu'il en soit, que m'importe ? je m'embarrasse peu des propos et des actions des traîtres, des ames basses, et des hommes vils, je me livre à toute la fatalité de mon destin, je veux épuiser la coupe des malheurs : que peut-il m'arriver de plus affreux que ce qui m'est arrivé ? Quand on a perdu Julie, on n'a plus rien à perdre. »

XVII.

« Dans l'état où je suis, je ne peux retarder mon départ. Il faut que je parte. Ah ! ma bonne amie, ma Julie, je ne savais pas encore qu'on pût aimer avec fureur..... j'aime, Julie !.... des larmes brûlantes s'echappent de mes yeux ; le désespoir, la rage, la vengeance, l'amour, la douleur, tout me transporte ; à force d'être malheureux, je ne sens plus les outrages les plus criants. On vous a dit comment j'avais puni le traître. Je me vengerai, je le couvrirai d'opprobre, il ne faut pas tolérer les traîtres (1).

» Comment aurais-je pu me contenir, ma bonne amie? Je vous prends vous-même pour juge. Il vient, il s'assied vis-à-vis moi, à côté de M. G.., déclare qu'il n'aime pas les gens faux : à ce mot, je lui dis avec un sang-froid apparent, qu'il n'y avait que lui qui fût faux et hypocrite, il éleva la voix pour répondre, et je l'élève aussi ; M. G... sort, je jette la table qui était entre le traître et moi ; je le saisis, le renverse

---

(1) Martial rappelle ici, à sa honte, les horribles traitements exercés sur Emile.

à terre, je l'aurais mis en pièces, si l'on n'était venu à son secours,... il parlait encore, je me précipite sur lui malgré votre mère, je lui meurtris le visage, et lui appris une bonne fois à devenir sage à ses dépens. Ce n'est pas tout, il est venu deux jours après. Il n'y avait auprès de lui que Jean-Jacques, je l'ai appelé traître, lâche, coquin ; je l'ai menacé, et voyant qu'il suppliait une grâce, je lui ai craché à la figure ; on ne doit pas cracher autre part que sur le visage d'un traître.

» Ce perfide Anglais ! j'ai les Anglais en horreur. Leur nation n'est peuplée que de lâches ou de faux esprits ; qu'il aille se faire page, il sera digne de... Il lui présentera son visage couvert de mes crachats et de mes soufflets, et son épée, si jamais il en a une, indigne de renverser un ennemi, puisqu'elle ne sait pas venger un affront (1).

» Je l'ai puni, moins pour moi que pour vous. L'infâme! il apprendra que *je sais être homme*, et que je ne laisse pas outrager ce que j'aime.

» Chaque jour, tout espoir m'abandonne, ô ma Julie! ô ma Julie! non, personne ne vous aimera comme moi, et personne n'aurait si bien fait votre bonheur ; je vous ai fait de la peine, vous m'en voulez, vous me haïssez

---

(1) Ceci est de la dernière impudence : on sait comment Martial a répondu à l'appel que lui fit Émile.

peut-être. Ah! mon aimable amie!...
Au moins ne me haïssez pas, je ne
suis pas coupable. On vous trompe,
on vous sacrifie, il n'y a que fausseté,
que dissimulation, que trahison, que
mensonge autour de nous.

» Je ne peux plus vivre ici, Julie!
j'emporterai partout votre souvenir.
Je vais revoir cette Provence où je
goûtai pour la première fois le doux
sentiment de l'amitié; il me rendit
aussi malheureux que l'amour (1);
j'irai encore sur les montagnes verser
des larmes bien douces pour ceux qui
savent les sentir. Mon cœur sera jour
et nuit près de vous, mon aimable

---

(1) C'est l'amitié qu'il vouait au jeune Henri du C..,
amitié toute particulière.

amie..... Ah! jamais vous ne sentirez ce que je sens. Dieux! que je souffre!... Le dimanche passé, un ami, pour me distraire, me conduisit au Mont-Parnasse. J'entrai dans tous les spectacles: à la vue de toutes ces femmes, de toutes ces filles qui dansaient, qui se réjouissaient, qui avaient l'ame contente, votre souvenir vint frapper mon cœur, de grosses larmes roulèrent aussitôt dans mes yeux, l'ame remplie de soupirs que je ne pouvais exhaler, le désespoir dans mon sein, je m'écriai: Sortons, c'est un spectacle qui me tue. Je cours, égaré, tremblant; on me montre une fille jolie: Ah! ce n'est pas ma Julie, et je revins me coucher affaissé sous le poids d'une douleur incroyable. Je me jette sur mon lit, sur ce lit où ma Julie a couché tant de fois. Je me dis : ô couche heureuse ! et à l'instant toutes les larmes coulèrent, et je fus soulagé d'un poids qui me suffoquait.

» Le séjour de Paris m'est insupportable, depuis que je ne suis plus l'ami de Julie. Elle devait être mon épouse, elle me l'avait promis, elle m'ôte son cœur, elle m'oublie, elle me fuit, elle dédaigne mes vœux ; ah ! Julie, oui, quoiqu'on en dise, il ne tient qu'à vous d'être unie pour jamais avec moi; je ne prodigue pas mes vœux, je n'ai pas fait d'autre serment, vous me connaissez.

» Tout m'est indifférent depuis que

je ne vous vois plus ; je vais quitter ce Paris, je le fuirai avec joie et avec une espèce d'horreur. J'irai me livrer à ma noire tristesse au milieu de mes rochers ; je redirai à *mes* campagnes le nom d'une amie qui ne pensera plus à moi ; mais moi, Julie, j'aurai la consolation de lui être fidèle, de n'avoir point trompé sa foi, de n'avoir pas fait de serment frivole ; et cette consolation est quelque chose pour un cœur comme le mien.

» Que je hais les femmes fausses, orgueilleuses, intéressées, coquettes et prudes !..... Vous n'avez aucun de ces défauts, ma Julie, et ce n'est pas à vous que ce discours s'adresse ; mais des femmes ont blessé mon cœur à mort, et vous, fille aussi aimable que bonne, vous lui avez appris à sentir le bonheur et le prix de l'amour. Je ne crains qu'une chose, c'est de partir sans pouvoir vous dire adieu..... Mais ce sera peut-être un bonheur pour moi; cet adieu serait peut-être un peu trop triste. Adieu, ma Julie, adieu, mon aimable amie, adieu ; votre petit billet a fait bouillonner tout mon sang; c'est la main de Julie qui l'a tracé, qu'importe ce qu'il contient... J'appliquerai mes lèvres sur son écriture... Qui l'aurait pensé?.... Une fatalité malheureuse se joue des cœurs sensibles... Je ne savais pas qu'un jour, en dépeignant l'amour, je n'aurais besoin que d'écrire mon histoire. Grâce au ciel, je ne couche plus chez votre mère ; je suis dans la rue des Cordiers n° 3, hôtel des Sciences et des arts.

» Adieu, tendre amie, je vous aimerai toujours, quand même vous ne m'aimeriez pas. Adieu.

» DE LA ROCHE-ARNAUD. »

« Ne me donnez plus le nom de Corbey ; il m'est odieux. Si vous êtes encore assez bonne pour m'écrire, c'est au nom de *la Roche-Arnaud.* »

LE JEUNE AMANT DU CALVADOS

à son aimable Julie⁽¹⁾.

Air : *J'ai perdu ma Julie;*
L'ingrate m'a quitté, etc., etc.

Le sort me désespère,
L'amour me fait mourir ;
Ma cruelle bergère
Ne cesse de haïr.
Un feu lent me dévore,
Je péris chaque jour,
Et je sens croître encore
Le poison de l'amour.

Adorable inhumaine !
Charmes trop séducteurs !
Tendre objet dont la haine
Cause tous mes malheurs !

---

(1) C'est par cette romance que Martial a débuté dans ses amours.

Tu te plais dans mes larmes,
Tu ris de mes soupirs.
Mes chagrins, mes alarmes
Sont encor tes plaisirs.

J'eusse fait mon ouvrage
D'embellir tes attraits,
Fille ingrate et peu sage !
Mais tu n'aimas jamais.
Je pris soin de te plaire ;
Tu semblais de mon cœur
Aimer l'ardeur sincère :
Tu trompais ma candeur !

Ah Julie ! ah volage !
Je voulais ton bonheur.
Je t'aimais sans partage,
Et ce fut mon malheur.
Ma julie est trompeuse.
Elle a trahi sa foi,
Puisqu'elle est amoureuse
De tout autre que moi.

L'ingrate me méprise
Pour un menteur galant.
Le doux nœud qu'elle brise
Fera tout son tourment.

Amour est sans vieillesse ;
La foule des flatteurs,
Ainsi que la jeunesse
Passent comme les fleurs.

Ton âge te rassure,
Orgueilleuse beauté !
Mais crains pour ta figure
Un sort bien mérité.
L'amour fuit la parure,
Et l'éclat emprunté
Ne vaut pas la nature
Dans sa simplicité.

» Qu'avez-vous à répondre, mille fois trop séduisant tyran ? Jules vous aime, vous ne l'aimez pas, quelle injustice ! quelle rigueur ! quelle insensibilité ! adieu.

» Le malheureux amant du Calvados, JULES (1). »

---

(1) On voit que Martial, pour ne pas déroger à ses habitudes, aime toujours à changer de nom.

A ELLE.

Air :

Je ne serai jamais jaloux ;
Mais je voudrais que ma Julie
Ne fît jamais que les yeux doux
A l'objet seul qui l'a choisie.
Qu'elle charme par ses attraits,
Qu'elle soit même un peu volage ;
Je ne l'en blâmerai jamais,
Si j'en suis aimé sans partage.

Une sage légèreté
A mon amour ne peut déplaire ;
Je cherche une jeune beauté
Un peu folâtre, un peu légère.
Mon cœur ne peut point s'enflammer
Pour cette amante si sauvage,
Julie, et je ne veux aimer
Qu'une maîtresse un peu volage.

231

Parfois mon delire amoureux
Me fait désirer une belle
M'abreuvant du nectar des dieux,
Me brûlant d'une ardeur nouvelle.
Quoi qu'en dise un sage ennuyeux,
L'amour n'est point libertinage,
Et l'on ne saurait être heureux
Sans une amante un peu volage.

C'est ainsi qu'on dit que l'Amour
Rendait les enfants de Cythère.
Il enchaînait, mais sans retour,
Tous les cœurs qui savaient se plaire.
Là, jusque dans l'hymen sacré,
L'amour était encor d'usage,
Et l'époux était adoré
De l'amante la plus volage.

La pudeur a sa fausseté,
La volupté son innocence.
La simple et naïve beauté
Étale moins de résistance.
Ah! dans les transports les plus doux,
Et dans le plus brûlant langage,
Julie est plus chaste que vous,
Quoiqu'elle soit la plus volage.

Si quelquefois, trop défian
Je doutais du cœur de Julie,
Si j'allais d'un vulgaire amant
Suivre l'aveugle jalousie ;
Bientôt sa voix et sa douceur
Dissiperaient ce noir orage,
Et je verrais le plus beau cœur
Dans l'amante la plus volage.

Crois-moi, tendre objet de mes vœux,
Viens, j'embellirai ta jeunesse.
Vainement chez les plus heureux
Tu voudrais trouver ma tendresse.
Tous tes adorateurs charmans
Te sont soumis, grâce au bel âge ;
Moi seul, fidèle, à tes vieux ans,
J'aimerai l'amante volage (1).

» Jules n'aime pas Julie, parce que Julie aime tout le monde.

» *L'infortuné* Jules. »

---

(1) J'ai lu ces deux romances en vers bien plus heureux dans le Devin du village et le charmant auteur de l'Art d'aimer.

XVIIII (1).

Octobre 1827.

*L'injustice à la fin produit
l'indépendance.*

« Tout ce que tu as prévu mon cher Stanislas est arrivé ; mais, en dépit de ma raison troublée et de mon cœur bouleversé, je saurai combattre, et tu sais qu'en ces sortes de combats, on est sûr du succès quand on a l'envie de vaincre. Je l'ai, mon triomphe commence, mais que je souffre ! Ah ! mon ami, que ces victoires coûtent !

(1) Cette lettre devait faire partie d'un roman que Martial composait, et auquel il a renoncé pour se livrer à des productions plus scandaleuses.

et que les jésuites ont bien raison de dire que *l'amour est plus fort que la mort!* Lis Manon, et puis, plains le pauvre des Grieux. Ce n'est pas une petite affaire que de se défaire de ce funeste sentiment; mais, au nom de Dieu, mon ami, mon bon Stanislas, ne m'abandonne pas; je me mettrai au-dessus de tout, pour suivre tes avis.

» Quand, sous ce malheureux ciel de la Provence, je me sentis pour la première fois ce penchant terrible, je n'eus point d'autre remède que la fuite; il me poursuivit jusqu'à Bordeaux; Dieu sait ce que mon pauvre cœur à dévoré en silence. Il a fallu fuir ce triste Bordeaux. A Paris, nouvel objet, nouveaux tourments; fuyons, l'amour est une maladie, et c'est un grand remède contre ce mal que l'air natal.

» Vive Dieu, mon ami, je suis homme, depuis quelques instants le courage renaît dans mon ame indignée, je ne supporterai pas les hauteurs d'une femme que j'aime, et qui croit m'honorer beaucoup en laissant tomber sur moi un regard de ses beaux yeux. — Quel orgueil, ou plutôt, quelle petitesse d'ame ! Qu'elles sont vaines et petites, *ces femmes de Paris, qu'elles sont fausses, insultantes et méprisables ! elles n'ont ni vertu, ni probité, ni délicatesse, ni cœur.*

» Adieu, mon ami, je sens que je

me laisse emporter par le délire d'une passion malheureuse. J'irai bientôt dans mes montagnes, et l'air pur qu'on y respire guérira tous les maux qu'aura fait l'air empesté de ce pays; après la publication du Mémoire que tu sais (1), je partirai sans délai. Tout me déplait ici, m'importune, me nuit, me trahit, m'accable, l'ascendant d'une destinée fatale m'entraîne. O ciel! pourquoi faut-il que les cœurs les plus sensibles soient toujours les plus malheureux?

» Adieu, mon fidèle Achate; il n'y

---

(1) En effet, on assure que Martial, craignant les suites de la publication de ses Mémoires, s'est enfui dans le *castel de ses pères*.

a que toi qui soit sans reproche : aussi je t'aime à tort et à travers.

» Tu sais, Hector de Grand-Pré a une médaille d'argent représentant d'un côté une Vénus sortant du sein des flots, et toute belle encore d'une jeunesse divine ; de l'autre côté se trouvent deux Colombes perchées sur un myrte ; la mer est proche, le soleil couchant paraît dans le lointain tout environné d'une lumière éclatante ; cette médaille à pour inscription : A TOI. POUR TOI. AVEC TOI INSÉPARABLEMENT. Elle m'appartient, je voudrais bien l'avoir encore ; dis ce seul mot à mademoiselle de Chomberg. Je suis impatient d'avoir terminé ce Mémoire ; aussitôt je pars, l'amour en aversion, et la *vengeance dans le cœur.*

» Adieu, courage, sois homme, adieu mon ami : »

. . . . « Je vois ce qui la flatte,
» Sa beauté la rassure, et malgré mon courroux,
» L'orgueilleuse m'attend encore à ses genoux.
» Je la verrais aux miens, Phénix, d'un œil tranquille :
» Elle est veuve d'Hector, et je suis fils d'Achille.
» *Trop de haine sépare Andromaque et Pyrrhus.* »

CONCLUSION.

L'ÉDITEUR ET MADAME JUNG.

— Ah! madame, vous ne pouviez venir plus à propos. J'achève la lecture du Mémoire et de la correspondance.

—Eh bien! monsieur?

— Eh bien! madame, je conçois vos chagrins et j'excuse presque votre vengeance.

— Avez-vous bien compris toute la noirceur des procédés de Martial?

— J'en suis encore indigné.

— Pensez-vous qu'il soit possible d'aller plus loin?

— Je voudrais en douter.

— Vous ne le pourriez, après avoir lu ce livre.

— Quoi ! les *Mémoires d'un jeune jésuite* ! cet ouvrage qui devait être le douaire de votre fille ? et dont il mettait si obligeamment le produit aux pieds de madame Chap.....?

— Et qui devait assurer à jamais sa célébrité. — Ah ! monsieur, quelle célébrité ! quel livre ! il est la complète justification de mon Mémoire. — Non, vous n'imaginerez jamais jusqu'où l'a pu conduire le déréglement de ses idées et sa passion pour l'imposture.

Ses Mémoires, monsieur? Les Mémoires de Marcet? Eh ! le malheureux!

que pouvait-il dire au public, de lui-même, qui ne fût rêveries et mensonges? Encore, s'il ne s'était occupé que de servir sa cause ; mais celle de l'honneur, celle des honnêtes gens! et par quelles armes, bon Dieu !

Dans ce livre, vous ne verrez qu'un monstrueux assemblage d'assassinats, d'impuretés et de trahisons. — Des parties de billards, des jésuitesses, des nonnes, des empoisonnemens, des enlèvements, des meurtres. L'empereur Alexandre, le duc de Berri, frappés du même coup... Enfin, à force de niaiseries atroces et de palpables mensonges, la cause des jésuites serait gagnée si elle n'avait à se défendre que des accusations de Martial.

— Non, madame, non, ne le craignez pas, ou plutôt croyez-en ma parole ; leur cause est à jamais perdue si le trône et la France peuvent espérer de l'avenir ; et pour prouver à cette secte maudite qu'il faut des mains pures pour la détruire, renvoyons-lui son enfant, son élève ; qu'elle le r'voie, lui pardonne, et lui permette de mourir civilement avec elle. — J'accepte votre manuscrit. — Je le livre à la presse.

FIN.

LE COMTE
DE VALMONT,

OU

LES ÉGAREMENTS
DE LA RAISON.

NOUVELLE ÉDITION, ORNÉE DE DOUZE GRAVURES,

TOME TROISIÈME.

PARIS,

CHARLES FROMENT, QUAI DES AUGUSTINS,

EUGÈNE RENDUEL, RUE DES GRANDS-AUGUSTINS,

N° 21.

1826.

www.ingramcontent.com/pod-product-compliance
Lightning Source LLC
Chambersburg PA
CBHW070628170426
43200CB00010B/1943